Christian Scharfetter

Das Ich auf dem spirituellen Weg

Vom Egozentrismus zum Kosmozentrismus

2. Auflage

Verlag Wissenschaft & Praxis

Bibliografische Information der Deutschen Bibliothek

Die Deutsche Bibliothek verzeichnet diese Publikation in der Deutschen Nationalbibliografie; detaillierte bibliografische Daten sind im Internet über http://dnb.ddb.de abrufbar.

Einbandgrafik: Zeichnung des Autors

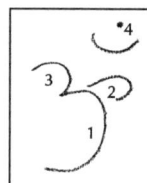

Das Zeichen OM steht für die 4 Bewusstseinszustände: 1. Wachen, 2. Träumen, 3. traumloser Tiefschlaf. Dieser ist dem absoluten Bewusstsein (4.) als viertem (turya) am nächsten. Das absolute Bewusstsein (atman, maha-atman, purusha) ist dem nicht erleuchteten Menschen unzugänglich (was der Halbring andeutet), gibt aber selbst den anderen Bewusstseinzuständen 1-3 sein Licht (s. Lexikon der östlichen Weisheitslehren, 1986, Bern, München, Wien, Scherz, Barth).

ISBN 978-3-89673-442-6

© Verlag Wissenschaft & Praxis
Dr. Brauner GmbH 2008
D-75447 Sternenfels, Nußbaumweg 6
Tel. 07045/930093 Fax 07045/930094
Druck und Bindung: Esser Druck GmbH, Bretten

Alle Rechte vorbehalten

Das Werk einschließlich aller seiner Teile ist urheberrechtlich geschützt. Jede Verwertung außerhalb der engen Grenzen des Urheberrechtsgesetzes ist ohne Zustimmung des Verlages unzulässig und strafbar. Das gilt insbesondere für Vervielfältigungen, Übersetzungen, Mikroverfilmungen und die Einspeicherung und Verarbeitung in elektronischen Systemen.

*Eines mit Einem,
Eines von Einem,
Eines in Einem
und in Einem
Eines Ewiglich*

Meister Eckehart, Vom Edlen Menschen, S.149

Vorwort

Was geschieht dem Ich im Aufbruch zur Bewusstseinsöffnung auf das All-Eine und auf dem weiteren spirituellen Entwicklungsweg? Zielausrichtung, Selbstpositionierung und die die Ethik bestimmende universale Verantwortlichkeit werden im besten Fall gelungener Entwicklung eine Persönlichkeit echt, lauter und einheitlich, selbstbescheiden werden lassen. In der kognitiv-affektiven Kultur der Achtsamkeit können Mitfühlen, Toleranz, Güte, Gelassenheit gedeihen. Die Öffnung des Bewusstseinshorizontes, „der Blick auf den Gipfel des Berges", kann zum Wandel vom Egozentrismus zum Kosmozentrismus führen. Kosmozentrismus heisst Hin- und Einordnung des ganzen Lebens auf das All-Eine, ob dies in der Bewusstseinsgestalt als Gott, Gottheit, Absolutes und unter welchem Namen auch immer erscheint. Auf dem Wege solcher Bewusstseinsentwicklung gibt es Gefährdungen, Krisen von verschiedenem Anlass, Inhalt und Ausmass, die ausser geistlicher Führung und Beistand unter Umständen auch psychiatrisch-psychotherapeutische Hilfen erfordern.

Das Thema begleitet mich seit Jahrzehnten im eigenen Suchen und in Beratungen, im Dialog mit anderen Weg-Suchern und mit vielen Autoren. So fliesst hier auch Vieles zusammen, was z.T. schon in anderem Zusammenhang gesagt oder geschrieben wurde (z.B. in dem Buch „Der spirituelle Weg und seine Gefahren", Stuttgart, Enke, 4. Aufl. 1997). Spiritualität ist eines der grossen unabschliessbaren Themen und jeder Text dazu trägt natürlich seine individuelle Färbung und Begrenzung.

Ich verstehe unter Spiritualität eine Grundhaltung der lebensbestimmenden Ausrichtung auf das jedes Individuum, ja alles Seiende, urhervorbringende und zurücknehmende Eine, das kognitiv-affektiv nicht erfassbar ist, aber doch zum Leitstern der Orientierung im Leben werden kann. Diese Haltung wirkt sich in der Lebensführung je nach Persönlichkeit und Kultur (wozu auch die Religionen gehören) sehr verschieden aus. Das individuelle und das kulturevolutive Erwachen zu dieser Sicht wird in enger Begriffsfassung von Spiritualität relativ spät angesetzt, d.h. nach den animistisch-magischen, polytheistischen, ja monotheistischen (im Sinne von positiver Theologie) Anschauungen. In einer allumschliessend weiten Begriffsfassung wird die „ganze" Entwicklungspsychologie und Kulturgeschichte (mit der Religionsgeschichte) als Fundgrube von Spiritualitätsmanifestationen gedeutet. Solche Interpretationen implizieren die evolutionspositivistische Annahme von Aufstiegsmodellen: Himmelfahrt, Treppe, Leiter, Pyramide, Berg übernehmen also kulturgeschichtlich ältere Vorstellungen und amplifizieren sie auf die persönliche und kollektive Entwicklung.

Epistemologisch gefragt, repräsentiert Spiritualität kein „Wissen" im Sinne von Episteme (rational erworbenes, durch möglichst mehrere Sinneskanäle repetitiv bestätigbares, falsifizierbares, intersubjektiv konfirmiertes, in argumentativem Diskurs transparent nachvollziehbares Wissen), eher eine Schau, Intuition: eine Gnosis [nicht zu verwechseln mit der Gnostik und dem Gnostizismus als kulturgeschichtlich alter religiöser Weltanschauung]. Als lebensführende Einstellung und ethische Grundhaltung steht Spiritualität eher für ein implizites Bekenntnis – zur Philosophia perennis, zum Non-Dualismus, zur trans-theistischen Religio-Philosphie, zur negativen (apophatischen) Theologie.

Die strikte Begriffsfassung von Spiritualität mag manchen zu schlicht und gleichzeitig – im Anspruch – zu elitär erscheinen. Der weite Begriff löst sich in der Religionsethnologie, -anthropologie, -psychologie auf und bleibt für das Einzelleben in seinen Nöten allzu pluralistisch und offen für einen spirituellen Eklektizismus.

Das Unterscheiden hat seinen Sinn und sollte nicht verwechselt werden mit der Einheitsschau (Tschuang tse in Lin Yutang 39), der in versimpeltem Advaita (Non-Dualismus) „alles eines" oder in der Shunyata (Leere)-Lehre „alles nichts" ist. Schon wenn wir statt „es ist" „es gilt mir" sagen, wird der Unterschied der Perspektiven deutlich, werden wir der Sichtweisen gewahr.

Das Einheitsbekenntnis sollte nicht zur Verwechslung der Unterschiede von der Welt der Gestaltungen und dem gestaltlosen Einen, von Gott, der Gottheit und den Menschen (falsche Deifizierung des Menschen), von der Alltagsrealität und der Leere führen. So sagt der

Sufi-Mystiker Scharaffuddin Maneri (gest. 1381) im Brief über das Einheitsbekenntnis:

*Unsinn redet an diesem Standort jener,
der Manifestation und Einwohnung
nicht unterscheiden kann.*

A. Schimmel, 33

Der gleiche Mystiker schrieb zum Entwerden (fana):

*Verliere dich in Ihm – das ist Einheitsbekenntnis.
Verliere das Verlieren – das ist reine Abgeschiedenheit.*

A. Schimmel, 33

Der Lebensweg als ein Entwicklungsweg der Bewusstseinsentfaltung – das Bild des Weges ist altbewährt und anschaulich. Jeder Mensch, der nicht dem Trampelpfad der allgemein akzeptierten Normenwelt (Wert- und Verhaltensnormen) folgt, sondern seine eigene Spur der Selbstwerdung nach seinen Möglichkeiten sucht, geht Schritt für Schritt tastend und suchend, bald in heller Klarheit und Wärme, bald in Dunkelheit und Kälte, seinen je eigenen Weg: Wegsuchender, Wanderer, Pilger, Hausloser (indisch anagarika). Im Suchen ist nie ein „Etwas" zu finden, das eine(r) hat als Erkenntnis, Wissen, gar „geistigen Besitz". Aber im Suchen wird der Weg gegangen, der als der eigene angenommen wird (indisch svadharma, den eigenen inhärenten Wesensmöglichkeiten folgend), eigen im Suchen, in der Orientierung auf das All-Eine. Das Finden wird schliesslich in der Bewegung ewiger Heimkehr als Wunschziel überschritten, da gibt es „nichts" zu finden. Augenblicke der Anmutung vom „Unauszusprechenden" werden als Stärkung auf dem Wege dankbar erfahren und als unfassbar belassen:

*Zu schwer ist jenes zu fassen ...
Denn nicht immer vermag ein schwaches Gefäss
sie zu fassen,
nur zuweilen erträgt göttliche Fülle der Mensch.*

Hölderlin, Empedokles Fragment

Inhalt – Übersicht

I. Leid und Befreiung 15

II. Spiritualität 23

III. Ich-Wandel auf dem spirituellen Weg 77

IV. Gefahren und Krisen auf dem Weg 97

V. Literatur 135

VI. Index 149

Inhalt – Detail

I. Leid und Befreiung 15

II. Spiritualität 23
    Spiritualität heisst Ausrichtung des ganzen Lebens
    auf das All-Eine 23
    Der Alltag als Bewährungsstätte 31
    Die grosse Aufgabe: Loslassen 35
    Der befreiende Verzicht 36
    Spiritualität als Lebensform: 36
    Yoga: Sich-Anjochen an das All-Eine 38
    Der Leib und die Alltagswirklichkeit 40
    Der Achtfache Pfad 42
    Askese: Übung im befreienden Loslassen 43
    Was zeigt das Fehlen ernsthafter Spiritualität an? 46
    Spiritualität und Religion 49
    Spiritualität und Wissenschaft 53
    Spiritualität und Mystik 56
    Spiritualität und Schamanismus 58
    Der spirituelle Weg 60
        Der Topos des Weges und der Entwicklung 60
    Meditation 64
        Begriff 65
        Meditatives Bewusstsein 65
        Ziele 65
        Techniken 66
        Ich-Relativierung 67

Deskriptive Phänomenologie 68
  Gefährdung und Krise in der Meditation 69
  Psychische Wirkungen 70
  Vorbereitung 70
  Achtsamkeitsübung (satipatthâna) 70
  Gefahren 71
  Der Einzelne im Strom des Allgemeinsamen: universale
  Verantwortlichkeit in massvoller Selbstrelativierung............. 74

III. Ich-Wandel auf dem spirituellen Weg 77
  Ich und Spiritualität 77
  Das Ich – die Selbsterfahrung 78
  Ich und Selbst 79
  Übersicht über Bewusstseinszustände 84
  Transpersonale Erfahrungen 86
  Das Überbewusstsein und der Weg der Befreiung 88
  Ich-Entwicklung 88
  Das Alleine – Ursprung und Heimat 92
  Ich-Wandlung vom Egozentrismus
  zum Kosmozentrismus 93
  Ich-Relativierung, nicht Ich-Tod 94
  Wir brauchen ein stabiles Ich für die Fahrt des Lebens 96

IV. Gefahren und Krisen auf dem Weg 97
  Der spirituelle Weg im Alltag 97
  Das Gleichnis der Bergwanderung 100
  Der Anstoss zum Aufbruch 102
  Krisen 103
    Profane, existentielle, religiös-spirituelle Krisen 104

Die so genannten spirituellen Krisen 106
Das Erleben in der Krise 107
Betroffene Bereiche der Person in der Krise 108
Ursprungsbereiche spiritueller Krisen
und therapeutische Massnahmen 110
Erscheinungsformen der Krisen 114
   a) Bewusstseinsphänomene 117
   b) Vegetativ-energetische psychosomatische
      Phänomene 117
   c) Affektdominante Phänomene 120
   d) Mnestische Phänomene 122
   e) Besessenheitszustände 122
   f) Ich-desintegrative Krisen 122
Differentialdiagnose spiritueller und
psychotischer Krisen 123
Betreuer und Betreuung 127

V. Literatur 135
Allgemeine Literatur 135
Publikationen des Autors zum Thema
des vorliegenden Buches 144

VI. Index 149

I. Leid und Befreiung

Der zum Bewusstsein seiner selbst und zur Reflexion über sich selbst und die Welt erwachte Mensch kann die Augen nicht verschliessen vor der Fülle des Leidens in der Welt. Das meiste davon ist menschengemacht. Der grösste Teil des Leidens, das Menschen auszutragen haben, kommt aus egoistischer Rücksichtslosigkeit im zwischenmenschlichen Bereich: So werden zur eigenen Lust andere ausgebeutet und missbraucht, so wird in ungehemmter Aggression die eigene Macht, der Einflussbereich, das Territorium in Gewalttätigkeit, Krieg, Wettbewerben gefestigt, ausgedehnt – in der Verführung zu megalomaner Selbstverkennung, in grandioser Selbstüberschätzung, im schamlosen Sichtreibenlassen von den jeweiligen libidinösen Impulsen, Wünschen, Trieben, von Haben- und Machenwollen. Subtil versteckte Formen von Wut, Aggression, Übellaunigkeit, Entwertung wirken wie Gift auf die zwischenmenschliche Atmosphäre. Dabei muss es nicht immer offenkundige Bosheit sein. Viele Verletzungen geschehen aus interpersonellem Ungeschick, mangelnder Reflexion über das eigene Tun und seine Auswirkungen.

Diese zwischenmenschlichen Lasten wiegen je nach dem Entwicklungsstand des reflexiven Bewusstseins und der interpersonellen Sensibilität in Umfang und Gewicht mehr als die menschenunabhängigen Katastrophen, vielleicht auch mehr als die (unverschuldeten) Krankheiten und Behinderungen. Dabei fehlt nämlich die kränkende Herabsetzung, explizite oder implizite Entwertung des (der) betroffenen Menschen.

Alle Religionen können auch als Antworten auf die Suche nach Orientierung und Sinn in der vorgefundenen Welt gesehen werden. Alle grossen Religionen (die brahmanisch-upanishadischen Lehren, der Buddhismus, die israelisch-jüdische Religion, Christentum, Islam) sind Erlösungsreligionen. Ihr Anliegen ist, den Menschen den Weg zum Heil zu zeigen, sie der Möglichkeit der Erlösung als zukunftsorientierter Lebensorientierung zu versichern, mit „externer" Hilfe (Gnade, Busse, Reue, Unterwerfung) oder in kulturell späterer Auslegung als innere Wandlung auf dem Wege der Bewusstseinsentfaltung. Die mythische Ausgestaltung verspricht Absolution, Paradies, Himmel, die psychologisch-konszientologische Entfaltung des Bewusstseins in der Entwicklung zur Befreiung: die Öffnung des Bewusstseinshorizontes auf ein Darüber-hinaus über das Verhaftetbleiben an der leidbeladenen, menschengemeinsamen Alltags-Bewusstseins-Welt.

In solcher Sicht wird die grundsätzliche Desintegrationsanfälligkeit, Fragilität, Vulnerabilität, Unvollständigkeit, Unerlöstheit der in den Stürmen des Lebens so gefährdeten Menschennatur offenkundig: Das ist die über die allgemeine Lebensbeschwer hinaus gehende Bedeutung von Leid (duhkha) im Buddhismus.[1]

Der Buddhismus ist in dem ursprünglichen Anliegen (Theravada) eine Leidbefreiungs-Lehre: Die vier Heiligen Wahrheiten nennen

1. die Leiden: Geburt, Krankheit, Alter, Tod, Getrenntsein von Geliebtem, Gewünschtem, Gebundensein an Ungutes.

2. die Entstehung des Leidens in den Anhaftungen an die vermeintlich stabilen Bewusstseinsgestaltungen (Objekte, Ziele von Wünschen und Trieben), die wie das Ich nicht substantiell (anatta) sind.

3. den Weg zur Aufhebung des Leidens in dem Läuterungsprozess, Unvollständigkeit, Festhaltenwollen, Leidererleben als Reaktion auf die Unwissenheit (Sanskrit avidya) über die wahre Natur der Dinge (duhkha = leidvoll, annica = Vergänglichkeit alles bedingt Entstandenen, anatta = Insubstantialität) zu „erkennen", zu durchschauen.

4. die Aufhebung des Leidens in dem Aha-Erlebnis, der Meta-noia – die Öffnung des Bewusstseinshorizontes auf das gestaltlose Eine des Nirwana, wovon weder gesagt werden darf, es sei, noch es sei nicht. (Später seit Nagarjuna die Shunyata, die Leere, im Mahayana die Buddhanatur aller Dinge).

Auch Spiritualität als Lebensform der Hinorientierung auf das All-Eine, das Absolute, darf als eine (mehr oder weniger explizite) Weise der Transzendierung des leidvollen Alltagslebens betrachtet werden

---

1 Nyanatiloka 1984, Nyanaponika 1978,1981,1983, Schumann 1982, 1985, 1990.

(d.h. dies ist *eine* von vielen möglichen Perspektiven auf Spiritualität)[2]. Wenn Spiritualität motivisch als Antwort auf die Nöte der Existenz in den Grenzerfahrungen von Tod, Krankheit, Leiden, Vergänglichkeit, Sinnsuche gedeutet wird, bleiben doch auch andere Anstösse zum Aufbruch in die spirituelle Haltung zu bedenken: die Berührung vom Numenon, in welcher Form immer, als ahnungsvolle Ergriffenheit, als Licht, Wärme, friedvolle Geborgenheit in der Natur, beim Meditieren, im Gebet, die Begnadung durch Visionen (die Grosse Mutter, Madonna, Christus) oder Auditionen. Was führt hin zur bewussten spirituellen Ausrichtung des Lebens? Die Erfahrung vom Leid, der Grenzsituation der Existenz, die Erfahrung vollen Lebens in der Liebe, in der Natur, Geburt, Wachstum, Blühen, Reifen, Welken, Sterben. Jedes tief bewegende Erlebnis, ob belastenderschütternd oder beglückend, wirkt befruchtend auf den Menschen, der zum Aufbruch bereit ist. Darin kann der Ruf zum Erwachen, zur Öffnung des Bewusstseinshorizontes, zur Wandlung der Perspektiven und Wertorientierung vernommen werden:

Du musst dein Leben ändern.

Rilke, Archaischer Torso Apolls

Ohne die Ahnung oder gar klar reflektierte Erfahrung von der Partikularität, Vereinzelung, Einsamkeit, Unvollständigkeit, Begrenztheit des Wissens (im empirischen Sinn) und des Erkenntnisvermögens, der Ausgesetztheit, Leidbeschwer des Individuums wird kaum ein Aufbruch des Bewusstseins zu grösseren, ichüberschreitenden, kosmozentrischen, theozentrischen Orientierungen stattfinden. Erlösungssehnsucht erwächst aus der Realisation der conditio humana als einer schmerzvollen, gefährdeten, unvollständigen.

Im Ernst und der daraus kommenden Radikalität solcher Bewusstseinsentfaltung zu grösseren, integralen (Gebser, Wilber) Bewusstseinsperspektiven liegt das Potential zum Wandel von der Leidverhaftung zur Gelassenheit des Annehmens (uppekha im Buddhis-

---

2 Vergleichbar spricht Braun (1993) von der „Lebensbedeutsamkeit" der Religion (15) und formuliert: „Religion ist nicht nur ideologisches Kompensat für nicht zu bewältigende Not, sondern Feld existentieller Daseinsbewältigung in den Grenzsituationen von Geburt und Tod" (14).

mus), zur Liberation und Salvation nach Durchschreiten der leidvollen Lebensabschnitte (via purgativa des Johannes vom Kreuz mit der Dunklen Nacht der Seele und des Geistes).

So entfaltet sich („blosses") Dasein zur Existenz (Jaspers 1932) in der ich-relativierenden Bezogenheit auf das Umgreifende (Jaspers), das All-Eine, welches als Absolutes, universales Eines, Ermöglichungsgrund und Rückkehrstätte über alle Einzelgestaltungen hinaus geht: „Es" ist leer insofern, als es gestaltlos und unerfassbar, unerkennbar, unbeschreibbar[3] ist (wie das Tao Lao tses und Tschuang tses). Es ist „voll" als die Potentialität allen Gestaltwerdens: die Mutter aller Wesen bei Lao tse, die Shunyata des Nagarjuna und seiner Buddhismusphilosophie, nirguna-brahman, das gestaltlose Brahman als das „Eigentliche" in der indischen Religionsphilosophie (Upanishaden).

Krishnamurti (1977, 126) sprach in seinen Vorträgen wiederholt dieses Thema des Aufbruchs aus der Leidverhaftung zur grösseren Perspektive der Befreiung an (er nennt es in der Tradition von ananda = Seligkeit das „grosse Lachen").

> *Was ist unser Leben also? Vom Augenblick unserer Geburt bis zu unserem Tod ist unser Leben ein dauernder Kampf, ein ewiges Ringen, voll Einsamkeit, Angst und Verzweiflung, eine mühselige Routine. Das ist unser Leben, unsere tägliche gequälte Existenz.*

> *Das Leben ist ernst, aber in diesem Ernst steckt ein grosses Lachen, und nur das ernste Gemüt ist lebendig und kann die ungeheuren Probleme der Existenz lösen.*

Kierkegaard, der protestantische Kritiker der etablierten christlichen Kirchen, suchte lebenslang den erlösenden Ausweg aus seiner Einsamkeit, Angst, Verzweiflung, ohne Öffnung seiner Existenz zu jenem Licht, das andere Christen in Jesus Christus historisch eingebracht und erreichbar erleben. Dabei blieb ihm die Forderung per-

---

3 S. dazu Dionysius Areopagita: Von dem Namen zum Unnennbaren

sönlicher Entscheidung zum (christlichen) Glauben an das Absolute bei Eingeständnis von dessen objektiver Ungesichertheit.

Nietzsche wusste um die Lebensbeschwer als Ich-Last, die uns auf dem Lebensweg aufgebürdet ist. Sein Zarathustra wusste in all seinen Lehrreden keine schlichte Wegweisung zur Befreiung und Erlösung zu Ruhe und Frieden. Da kam Nietzsche seine hyperbolische Schmerz-Wut dagegen.

> *Du suchtest die schwerste Last:*
> *da fandest du dich –*
> *du wirfst dich nicht ab von dir*
>
> *Dionysos Dithyramben, zwischen Raubvögeln*

Hölderlin kommt in den Sinn:

> *Doch uns ist gegeben,*
> *Auf keiner Stätte zu ruhn,*
> *Es schwinden, es fallen*
> *Die leidenden Menschen*
> *Blindlings von einer*
> *Stunde zur andern*
> *Wie Wasser von Klippe*
> *zu Klippe geworfen*
> *Jahr lang ins Ungewisse hinab*
>
> *F. Hölderlin, Hyperions Schicksalslied*

Rilke sprach oft von dieser Schwere des Daseins, von dem Ernst des Lebens – und dem Annehmen des Schweren als Anregung zum Aufbruch, als Beitrag zur Entwicklung.

> *Das Leben ist schwerer*
> *als das Schwere von allen Dingen*
>
> *Das Buch der Bilder, 1902-6. Der Nachbar*

*Aber es ist Schweres, was uns aufgetragen ist, fast alles Ernste
ist schwer, und alles ist ernst. (21)*

*...es ist aber klar, dass wir uns an das Schwere
halten müssen; alles Lebendige hält sich daran,...*

*Wir wissen wenig, aber dass wir uns zu Schwerem
halten müssen, ist eine Sicherheit, die uns nicht verlassen
wird; ... (35)*

*Warum wollen Sie irgend eine Beunruhigung,
irgendein Weh, irgendeine Schwermut von Ihrem Leben
ausschliessen, da Sie doch nicht wissen,
was diese Zustände an Ihnen arbeiten? (46)*

Briefe an einen jungen Dichter, 1904.

Spiritualität im überkonfessionellen Sinn religions-übergreifender und -grundlegender Lebensorientierung bedeutet, einen Weg einzuschlagen, der die Leid-Beschwer des Lebens, die Unvollständigkeit, die Getrenntheit des Individuums vom All-Einen, „Ganzen", seine Vereinzelung, Ausgesetztheit und Gefährdung für das Haftenbleiben am Uneigentlichen, Unwesentlichen, seine Vergänglichkeit und Unsubstantialität als Kraftquelle der Bewusstseinsentwicklung annimmt und fruchtbar werden lässt für diese Entfaltung.[4] Der Mensch muss nicht bei der Feststellung des nackten Elends (wie Ibsens Peer Gynt) bleiben.

*So unsäglich nackt kann da einer gehen
zurück in das Nichts, das Nebeldrehn.*

H. Jbsen, Peer Gynt

---

4   Entfaltung – das ist das Stichwort: Was im Bild des Weges als Übergang (Metabasis) vorgestellt wird, erscheint als Entfaltung des Bewusstseinshorizontes. Das Potential ist da wie die Blüte im Samen: es „ist" – potentia – „alles" schon da. Aber die Blüte muss erst aufgehen, sich entfalten. Dann kann sie wieder in Samen übergehen. Metamorphose der Persönlichkeit ist eher Aktualisierung anderer Seiten, Verlagerung des Potentials auf andere Themen, Ziele, Werte oder eine Änderung der Kontrolle des eigenen Verhaltens zum Positiven z.B. in prosozialem Handeln, im Negativen i.S. megalomaner Entzügelung.

Spirituelle Lebensorientierung vollzieht sich im Annehmen der „Normalität des Leidens" (Eliade 1949), im Hinnehmen in Gefasstheit, Gelassenheit. So heisst es von den „reinen Menschen" bei Tschuang tse

> *Gefasst kamen sie, gefasst gingen sie.*
> *Gefasst nahmen sie das Zugewiesene an.*
>
> Zit. nach Buber, S. 60

Spiritualität in diesem Sinn flieht nicht das Leiden, sondern gibt die Kraft und den Mut, es zu ertragen. Spiritualität strebt nicht nach beglückenden mystischen Erlebnissen, nach Seligkeit (indisch ananda), nach Licht, Wärme, Glück, Paradies, weil das, woraufhin sich solches Leben richtet, über die Unterscheidungen hinaus ist: die Leere, das gestaltlose Eine. Das meint die Radikalität des Loslassens in der Formulierung: Befreiung liegt im Loslassen vom Streben nach Befreiung, im Loslassen vom Kleinen Ich in das Über-Ich, vom individuellen Selbst in das Über-Selbst (Brunton 1937). Dabei geht das Ich als Instrument der Bewältigung des Lebens im Alltag nicht unter, es stirbt nicht, es wird bis zum Sterben gebraucht – aber es wandelt sich in seiner Positionierung, Wertattribution, indem es sich bescheiden in einen Ich und Person überschreitenden, darum heute transpersonal genannten Gesamtzusammenhang einordnet. Das Ich kann auf dem spirituellen Entwicklungsweg zu grösserer Authentizität und Stärke wachsen, an Freiheit gewinnen in der Ich-Relativierung (Kap. III). Manchmal geht eine solche Entwicklung mit Krisen unterschiedlichen Ausmasses vor sich (Kap. IV).

II. Spiritualität

Spiritualität heisst Ausrichtung des ganzen Lebens auf das All-Eine

Spiritualität bedeutet (in meinem Verständnis[5]) Leben aus und in der Ausrichtung auf das All-Eine. Solche Einstellung und Haltung kann sich in vielerlei Gestalt austragen: religiös auf Gott als Person (Theismus, positive oder kataphatische Theologie) oder personüberschreitend auf die Gottheit (negative oder apophatische Theologie, transtheistisches Glaubenssystem, Zimmer 1972, Smart 1996) in verschiedenen Namen (Tao, Shunyata, Brahman, Maha-Atman). Brahman, Maha-Atman, das Überselbst ist wesensgleich dem überindividuellen Kern des Selbst im Individuum (Atman). Darum die Rede von der All-Einheit (Non-Dualität, Advaita) in den Upanishaden der indischen Religio-Philosophie.

Wer diese Wesenseinheit erfasst hat, kommt zur befreienden Einsicht:

Aham brahman asmi
Ich selbst bin Brahman.

Und er kann angesichts anderer Wesen („Objekte") sagen:

tat twam asi
Das bist du selbst.

Chandogya Upanishad 6, 10.4

Aus derselben Perspektive der Verbundenheit des Einzelnen mit dem umgreifenden Ganzen, aus dem Bewusstsein der Teilhabe des Individuums am allgemeinsamen Einen, stammt dieser Satz des Buddha:

In allem sich selbst erkennen.
In sich selbst alles wieder erkennen.

---

5   Dies im Gegensatz z.B. zu Ken Wilber (1983, 2000, 2001), der vier, im Jahre 1983 gar neun verschiedene Definitionen von Spiritualität für „valide" hält.

Dazu gehört auch die Besinnung: Jede Begegnung bedeutet (auch) Selbstbegegnung. Jede Erfahrung bedeutet (auch) Selbsterfahrung.

Der Gedanke ist auch bei Hölderlin ausgesprochen:

Allda bin ich
Alles miteinander

Vom Abgrund, Hymnische Entwürfe

Dazu noch einige Textstellen aus den Upanishaden über den Atman:

Wenn er den schwer zu Schauenden, Geheimnisvollen, Durchdringenden, in der Höhle des Herzens Verborgenen, tiefsten Grund, den uralten Gott erkennt, der durch geistige Vereinigung (Yoga) im Selbst erlangt wird, lässt der Weise Freud und Leid hinter sich.

Katha Upanishad 2/12

Der Weise, der den Körperlosen in den Körpern, den Ruhevollen in den ruhelosen Wesen, den grossen alldurchdringenden Atman erkennt, der leidet nicht mehr.

Katha Upanishad 2/22

Nun in Bezug auf die Wesen: der in allen Wesen wohnt, doch von allen Wesen verschieden ist, den alle Wesen nicht kennen, dessen Leib alle Wesen sind, der alle Wesen von innen regiert, der ist dein Atman, der innere Lenker, der Unsterbliche.

Brhadaranyaka III,7,15

*Nun über die Person: Der im Atem wohnt,
vom Atem verschieden ist, den der Atem nicht kennt,
dessen Leib der Atem ist, der den Atem von innen regiert,
der ist dein Atman, der innere Lenker, der Unsterbliche.*

Brhadaranyaka III, 7,16

*Was durch das Wort nicht aussprechbar ist, wodurch das
Wort ausgesprochen wird, erkenne das als Brahman – doch
nicht das, was man hier verehrt!*

Kena Upanishad,I,5

*Was mit dem Atem nicht geatmet wird, wodurch der Atem
atmet, erkenne das als Brahman – doch nicht das, was man
hier verehrt!*

Kena Upanishad,I,9

In dem berühmten indischen "Gesang des Erhabenen", der Bhagavadgita, heisst es von Brahman, dem All-Einen (XI,13):

Brahman ist Einheit und Vielheit zugleich.

Mylius, 66

*Im Brahman ist das ganze Universum mit seinen
mannigfachen Teilen in einem einzigen vereint.*

Radhakrishnan, 314

Der indische Heilige Ramana Maharshi (1879-1950) war ein eindrücklich schlichter Advaitist: da ist nur Eines ohne ein Zweites und dieses Eine ist das „Selbst", Atman – Brahman.

*Was existiert, ist Bewusstsein. Bewusstsein und Existenz
sind nicht voneinander verschieden.
Das, was ist, ist immer das „Selbst" (Atman).
Das „Selbst" erscheint jedem nach seinem Standpunkt, entsprechend der Reifestufe seines Gemütes (manas).*

Der Weg zum Selbst, 124

Die Ver-rückung der bewertenden Gesichtspunkte, der Perspektivenwechsel solchen erleuchtenden Erwachens (awakening) führt zur Befreiung.

Befreiung

Wenn in der Bewusstseinsentwicklung die Communio von Selbst und Sein „im Herzen" erfahren wird:

*Da ist der Mensch (seine Wesensform)
frei von Wunsch, ohne Gram
frei vom Bösen, frei von Angst.
Da ist der Vater nicht mehr Vater,
die Mutter nicht mehr Mutter,
die Welten sind nicht mehr Welten,
die Götter nicht mehr Götter...
Diese Wesensform ist unberührt
von Gutem und Bösem (Verdienst und Schuld)...
Denn der Geist (das Bewusstsein) ist dann
hinaus gekommen über alle
Kümmernisse des Herzens.*

Brihad-Aranyaka Upanishad 4/3/21-22

Stichwortartig kann zusammengefasst werden:

> **SPIRITUALITÄT**
> - Die besondere religiöse (im überkonfessionellen Sinn) Lebenseinstellung der Bezogenheit auf das ALL-EINE.
> - Das umgreifende eine Sein, welches den Menschen als unfassbares „Geistiges" erscheint: spiritus, pneuma, prajna, purusha als absolutes Bewusstsein (im Sinne von Prajnana Brahman).
> - Von diesem Einen gibt es kein gesichertes Wissen im Sinne von rational übermittelbarer Episteme. Es kann in ahnungsvoller Schau (Gnosis) und als ergreifende Erfahrung gegeben sein.
> - Es gibt für dieses Eine viele Namen und Bewusstseinsgestaltungen: Gott, Gottheit, Tao, Brahman, Maha-Atman, Purusha, Shunyata, Buddhanatur, Grosser Geist.
>   - Dieser Bereich der Transzendenz ist dem Spirituellen Ursprung und Ziel.
>   - Die Bewusstseinsentfaltung zum holistischen allumgreifenden Bewusstsein ist der sog. spirituelle Weg.
>   - Fortschritte auf diesem Weg gelten als Erwachen, Neu- und Wiedergeburt nach dem Tod des Alten, Ich-Tod, Erleuchtung, Befreiung, Erlösung.
>   - Die Hinordnung auf diesen Bereich bestimmt die Lebensführung: Wertwelt, Ethik, Verantwortung, Selbstrelativierung.

Die kognitive und sprachliche Unzugänglichkeit des All-Einen muss nicht bedeuten, dass dieses Eine nicht als lebensbestimmende Ahnung, gar als ergreifende Erfahrung wegleitend und stärkend gegeben sein kann.

God – a human experience

It is the one
It is the all
It is the nil

It cannot be taught about
It cannot be thought about
It cannot be talked about
It cannot be tasted nor seen nor heard
It is neither past nor future
It is before and after all
It is eternal presence
It is neither near nor distant

It is neither separated nor united
It is before any differentiation
It cannot be grasped nor conceptualized nor named.
But: if you are open for your true self,
the core which you share will all others,
and if you are open with love for all beings
emerging into the relationship of one and all
than you may find It on your way –
It can be realized as your experience.

Hermitage, B.R.Hills, Oct. 1978.C.S.

Es gibt viele Austragungsformen der spirituellen Grundhaltung, individuelle und kulturelle. Man könnte sie ähnlich den Yoga-Zweigen einteilen in vorwiegend denkend-reflexive, affektiv-emotionale, werktätige. Manche stehen der Philosophie näher (vgl. Nietzsche, „Eigentlicher Zweck allen Philosophierens ist die Intuitio mystica", 11, 232, 1884 Nachlass), viele sind geprägt von konfessionell ausgeformten Religionen. Von den religiösen Austragungsformen gibt es viele kulturelle Varianten: christliche (davon katholische, protestantische, byzantinische u.a.), islamische (Sufi), jüdische, asiatische (Indien mit Hinduismus, Jainismus, Sikhismus, Buddhismus in den verschiedenen Zweigen und Sekten). Indische (Upanishaden) und chinesische (Taoismus, Lao tse, Tschuang tse) Texte stammen als religio-philosophische Lehren aus der Kulturschicht vor der (okzidentalen) Trennung von Religion und Philosophie.[6]

Philosophien um das Umgreifende (Jaspers), das Eine, das Absolute (Beierswalters 1985, Henrich 1985) haben als gemeinsamen Nenner die monistisch-spiritualistische Philosophia perennis: Dass das geistige Eine den vielerlei Gestaltungen der perzeptiv zugänglichen Welt zugrunde liege (Huxley 1949).

Spiritualität ist gelebte Philosphia perennis: Gelebt heisst im Alltag des Lebens ausgetragen (nicht nur als verbalisiertes Bekenntnis, als Predigt, als Lehre, als Ritual).

Darum gilt hier der Satz von Kung-fu-tse:

> *Schau, was einer tut.*
> *Bedenke, warum er es tut,*
> *und trachte zu erforschen,*
> *woran er Freude hat.*
> *So wird dir niemand verborgen bleiben.*
>
> Lun Yü, II, 10

Der tägliche Lebensvollzug, echt und einheitlich von der Funktionsschicht der Öffentlichkeit bis ins Privatissimum, ist der wahre Spiegel des Standes spiritueller Orientierung. Dazu heisst es im Li Gi:

> *Darum achtet der Edle auf sein Inneres, ob er keinen Makel hat, ob er nichts Schlechtes hat in seinem Willen.*
>
> *Wenn du in deinem Hause bist, tu nichts,*
> *dass du dich vor den Wänden schämen müsstest.*
>
> Li Gi, 19

Spirituelles Pathos in verschiedenem Sprachgewand regt zu kritischem Hinterfragen an. Das sprach Lao tse an:

---

6 s. Esser 2002

Schöne Worte sind nicht wahr.
Wahre Worte sind nicht schön.

Tao te king, 81

Die Austragungsweisen von Spiritualität sind je nach kulturell-religiösem Hintergrund und der persönlichen Disposition des Spirituellen verschieden. Für Hölderlin war die Trinität von Künstler, Denker, Heiliger ein besonderes Juwel seiner idealisierenden Überhöhung des Dichters:

Denn nahe wohnen auf getrennten Bergen
der Künstler, der Denker, der Heilige.

Heidegger folgte Hölderlin und ging noch darüber hinaus in der (Selbst-)Positionierung des Menschen als Hüter des Seins[7]

Der Denker denkt es
Der Heilige lebt es
Der Dichter sagt es

Dagegen könnte man als heilsam-ernüchterndes Korrektiv Lichtenberg zitieren:

Denn schwerlich haben die Wahrheiten den
Dichtern mehr als das Kleid zu danken.

F 1144, 86

Spirituelle Lebensorientierung auf das All-Eine ist unentbehrlich für den zum fragenden Denken über Selbst und Welt erwachten Menschen, für ein waches, reflektiertes Leben in Verantwortlichkeit für sich selbst und die anderen Wesen – und deren Lebensgrundlage, die Erde.

Der universelle Geist tritt immer wieder in Erscheinung für die Menschen, welche offen sind für die Zeichen/Chiffren der Transzendenz: Botschaften des Einen.

---

[7] s. Heidegger 1960, Jaeger 1971.

Den universellen Geist, das Absolute, das Umgreifende kann man nicht greifen, in Bild und Erkenntnis fixieren, als Erkenntnisobjekt handeln. Der Mensch kann sein Dasein daraufhin ausrichten in Demut und Verehrung, in selbstrelativierender Einordnung in einen individuumsüberschreitenden Zusammenhang: Der Einzelne in Bezug zum All-Einen. Geborgenheit, Friede, Stille findet die Existenz in der Hinordnung auf das All-Eine. Universelle Responsibilität für alle Gestaltungen des Einen sind uns auferlegt.

Der spirituelle Sucher richtet sein Leben auf das All-Eine aus, wie immer er es nennen mag, welche Gestalt (Gott als Person) er sich vorstellt oder ob er es das unfassbare Absolute, das Gestaltlose, die volle Leere, die leere Fülle nennt.

Der Mensch auf der Suche entfaltet kreativ das Potential seines Bewusstseins: Er ist mythopoetisch, ikonopoetisch, kosmopoetisch, theopoetisch. In der seriösen, unpathetischen, schlichten Austragung von Spiritualität übt sich der Pilger in epistemischer Askese (Vermeidung ontologischer Setzungen), in kognitiv-konstruktivistischer Enthaltsamkeit und ikonopoetischer Zurückhaltung.

Es geht nicht darum, das All-Eine „nur" denken zu wollen, erkennen, sinnenhaft wahrnehmen, spüren zu wollen, in schwärmender oder ekstatischer Liebe mit ihm verschmelzen, sich vereinen, vermählen zu wollen. Sondern es geht darum, sein Leben diesem Einen zuzuordnen, sein Leben als teilhabend an diesem Einen auszutragen, zu gestalten, zu verantworten (vor sich selbst, dem überpersönlichen Kern des Selbst Atman und dem Ganzen, Maha-Atman, Brahman). Das meint spirituelles Leben, den spirituellen Weg gehen – in steter Bewährung im Alltagswirken, im achtsamen, sorgsamen, rücksichtsvollen, verantwortungsbewussten Leben progredienter Ich-Relativierung (i.S. der selbstrelativierenden Einordnung des Ichs in einen übergreifenden, transpersonalen Zusammenhang des Ganzen).

Der Alltag als Bewährungsstätte

Der Alltag ist voller Prüfungen, Bewährungsproben für den Menschen auf dem spirituellen Weg. Der Alltag ist die Wirkstätte des spirituellen Menschen. Mitten in der Welt verwirklicht sich Spiritualität. Gewiss mag der Weg zeitweise aus der Welt führen, doch als ein Gewandelter kommt der Wanderer wieder zurück und hält sich in Verantwortlichkeit anderen zur Verfügung. Solches Handeln ohne Selbstgewinn, in der Ausstrahlung von Friede, Güte, von In-der-Mitte-sein, Aufgeräumtsein ist Gut-tun für andere.

So verstandene Spiritualität als Lebens- und Wertorientierung, als gelebte Ethik, ist grundsätzlich jedem bewusstseinsbegabten Menschen möglich. Der spirituelle Bewusstseinsbereich ist kein abgetrennter Bereich (das ganz Andere, geographisch imaginiertes Jenseits u.ä.), muss jedenfalls nicht und sollte nicht abgespalten vom Alltags-Leben bleiben: Immanenz der Transzendenz. Spiritualität gehört (in meinem Verständnis) zum ganzen vollen Menschsein, zur Selbstverwirklichung eigenen Potentials der Bewusstseinsentfaltung. Einen spirituellen Bereich und einen Weg darin abzugrenzen kommt aus der abendländischen Kulturgeschichte mit ihrer Spaltung der Welt in einen weltlichen und geistlichen, einen profanen und numinosen, irdischen und göttlichen Teil. Die Trennung der Spiritualität vom Alltag als Sonderbereich hoher Wertsetzung mit den Idealen von Harmonie, Friede, Licht, Wärme, Freiheit, Heilung und Heil, Erlösung verführt zur Flucht aus dem Alltag mit seinen Aufgaben, Verpflichtungen, Belastungen: spiritueller Eskapismus (Baumeister 1991). Da kann illusionär Selbstsuche, -findung mit Selbstflucht verwechselt werden. Defensive Spiritualität bedeutet, spiritueller Dünkel und korrespondierendes Gehabe werden benützt zur Abwehr eigener unbewältigter Schwächen, Konflikte, Triebe, Macht, Aggression. In offensiver Spiritualität wird spirituelles Reden und Präsentation als demagogisches Machtmittel gebraucht, um andere zu unterwerfen und auszubeuten (Battista 1996).

Das All-Eine bleibt dem Spirituellen lebensführendes Ziel, ohne dass er es je begreifen könnte. Emotional-affektiv sind Gestaltungen des Einen manchem Religiösen erfahrbar: als (auch erotisch erlebtes) Einwohnen Jesu, als Begegnung mit Gott in der Dualität des Gebetes, als visionäre oder auditive, gar zoenästhetische[8], Erfahrung von

---

8   Zoenästhetisch = die allgemeine Leibempfindung betreffend

göttlichen Kräften, der Madonna, Geistern, Engeln, Heiligen. Da gliedert das menschliche Bewusstsein das unfassbare All-Eine in Teilgestalten auf.

Das All-Eine trägt in den kulturellen Benennungen verschiedene Namen und bleibt als ungeteiltes Ganzes (griech. tò hólon asýntheton) der Vielheit gegenüber.

Das Ganze und die Teile – Ganzheit und Vielfalt

Das All-Eine	Die Vielheit
Das Eine, unum	ta panta, Alles
Das Ganze, totum	omnia
Griech. hen kai pan	plenum
to holon, to pan	multum
to holon asyntheton	partes
(das ungeteilte Ganze)	Teile
Lat. totum	„Teil-Einheiten"
unum totum	Subholons (Wilber)
absolutum	
esse, Sein	die Dinge
Gott, Gottheit	das Seiende
„Einic sein" (Eckhart)	die Gestalten
summa essentia (Augustinus)	Welten
ipsum esse (Thomas von Aquin)	Universa
substantia absoluta infinitiva	
(Spinoza)	Götter
absoluter Geist (Hegel)	Geister
absolutes Subjekt (Hegel)	
göttliches Ich (Fichte)	
absolutes Ich (Schelling)	
Brahman, Atman	
Tao	
Leere (Shunyata)	
Buddha-Natur	
Geist, spiritus, logos	
Mysterium = das Verborgene	das Offenbare
	das Sichtbare
	das Vorstellbare
das Heilige	
das Verbindende (Eros)	
verbindlicher Wert	pluralistische Werte

Der Mensch überblickt nie das ganze Seiende in seiner Vielheit in allen seinen Teilen, seinem Zusammenspiel, seinen Wirkkräften. Die Vielheit übersteigt seine Bewältigungskapazität.

> *denn du wusstest: das ist nicht das Ganze.*
> *Leben ist nur ein Teil ... wovon?*
> *Leben ist nur ein Ton ... worin?*
> *Leben hat Sinn nur, verbunden mit vielen*
> *Kreisen des weithin wachsenden Raumes*
>
> *Rilke, Requiem*

Der Mensch muss sich an das alltäglich Aufgegebene halten, im Wissen, dass er in der sich ein- und unterordnenden Teilnahme den Sinn seiner Existenz erfüllen kann, gerichtet auf das All-Eine, das Ganze.

Das hatten Goethe und Schiller im Sinn, als sie in den Xenien schrieben:

> *Immer strebe zum Ganzen. Und kannst du selber kein*
> *Ganzes werden, als dienendes Glied schliess an ein Ganzes*
> *dich an.*
>
> *Xenien, 127, Hamburger Ausgabe I/226*

Bei Rilke erscheint das Ganze als „der Engel Ordnungen". Diese übersteigen den Menschen, der sich im achtsamen, gewissenhaften Vollzug alltäglicher Aufgaben zu bewähren hat.

> *Wer, wenn ich schrie, hörte mich denn*
> *aus der Engel Ordnungen? Und gesetzt selbst,*
> *es nähme einer mich plötzlich ans Herz:*
> *ich verginge von seinem stärkeren Dasein.*
>
> *1. Duineser Elegie*

Hier ist des Säglichen Zeit, hier seine Heimat.
Sprich und bekenn...
Preise dem Engel die Welt, nicht die unsägliche,
ihm kannst du nicht gross tun mit herrlich Erfühltem;
...Drum zeig
ihm das Einfache ...
Sag ihm die Dinge

9. Duineser Elegie

...tu ein liebes vor ihm, ein verlässliches Tagwerk.

3. Duineser Elegie

... das alles war Auftrag. Aber bewältigtest du's?

1. Duineser Elegie

Die grosse Aufgabe: Loslassen

Der spirituelle Weg in dem ernsthaften Sinn fordert alles: Auf die Zielorientierung hin Schritt für Schritt von allem loslassen: Im „Weltlichen": von Begehren, Haben, Besitzen, Festhalten, Haften. Im Bereich der Gegenstände, des Sozialen (Beziehungen), des „geistigen Bildungsgutes" geht es um das Nichthaften an, Loslassen von aussergewöhnlichen Erfahrungen, Bildern, Eingebungen, von Menschen- und Weltbildern, von Vorstellungen, Zielen, Glück, von den Unterscheidungen in gut/böse, wert/unwert, von ausgeformten Glaubensformeln, von Ritualen, von Hilfsmitteln, von sich selbst, von seinem einzelnen Ich-sein. Das erfordert ein recht stabiles autonomes Ich mit Ausdauer in der Zielsetzung.

Nicht jedem liegt solche Radikalität, Kompromisslosigkeit des sannyassin, dessen, der alles zurück lässt (s. Sprockhoff 1976, Bronkhorst 1993). Jeder muss seine Möglichkeiten, Bedürfnisse nach Hilfen, Stützen in Methoden, Ritualen, Doktrin, Lehrer erproben und das ihm Geeignete selbstverantwortlich wählen. (Auch das gehört zum Loslassen: nicht werten!).

Das mag eine Ahnung geben von der Unerbittlichkeit der Forderung, welche der spirituelle Weg im strengsten Sinn dem Menschen stellt, von der Kraft, Ausdauer, Bescheidenheit und Demut, welche das Gehen dieses Weges abverlangt, vom Mut zum Loslassen in letzter Folgerichtigkeit: vom Lohn der Erfolge auf dem Weg, vom Glück der Gemeinschaft, der Geborgenheit, der Dualität mit Gott, der Befreiung, der Erlösung von Vorstellung, Gestalt, Name des Einen, von der „Verortung" des Einen (Diesseits-Jenseits, ausserhalb-enthalten).

Der befreiende Verzicht

Zur reifen Spiritualität gehört der selbstbescheidene Verzicht auf die Gehäuse von Doktrin und Dogma, von Konfession und Kirche, auf Vermittler, Stellvertreter, Fürbitter, auf Bilder und Attributionen. Dazu braucht es den Mut, sich der gestaltlosen und doch vollen Leere, der leeren Fülle des Einen zu stellen. Solcher Verzicht befreit und fordert zugleich. Er befreit von der Enge sozio-kultureller kontextueller Einbindungen und befreit zur echten Toleranz gegenüber anderen Glaubensrichtungen.

Solcher Verzicht fordert die Entwicklung einer selbstverantwortlichen Autonomie in Moral und Ethik des Verhaltens gegenüber allen Lebewesen und ihrer Lebensgrundlage, der Mutter Erde: die ökologische Ethik umgreift die zwischenmenschliche Ethik mit ihren zahlreichen Spezial-Ethiken. Nur ein starkes Ich, bereit zur Selbstrelativierung, wird solche Entwicklung durchhalten, bis hin zur „Ich-Freiheit" im Sinne von Gebser (s. S. 95): dass das Ich wohl seinen Dienst als Instrument der Lebensbewältigung tue, aber sich nicht selbst narzisstisch, egoistisch, egozentrisch, egoman zum Hemmnis der Entwicklung werde.

Spiritualität als Lebensform

Spiritualität ist eine Einstellung, Haltung, in welcher das Leben ausgetragen, entfaltet, auch als Aufgabe geleistet wird. Nur die Spiritualität, die sich in den Belastungen des Alltagslebens, den zwischenmenschlichen Reibungen, in den Höhen und Tiefen des Lebensweges, im Privatissimum ebenso wie in der Öffentlichkeit bewährt, kann als echt und integriert gelten. Die „Zeichen" dieser Haltung sind nur indirekte Hinweise, keine terminologisch fixierten deskriptiven Kriterien. Spiritualität als Einstellung kann und muss in vielerlei Formen der Lebensgestaltung ausgetragen werden, je nach kulturellem, konfessionell-kirchlichem Umfeld und je nach der Persönlichkeitsart (Charakter) des Menschen. Da zeigt sich sein Verhältnis zur Alltagswelt zwischen den Polen Eingebundensein, gar Verfallen-sein, Haften, Haben-, Ausnützen-, Ausbeuten- und Beherrschenwollen und Abgeschiedenheit, Gelassenheit, befreiender „Gleichgültigkeit". Da wird sein Verhältnis zu anderen Menschen gelebt zwischen Mitsein, Mitleid, Mitfreude, Therapie im ursprünglichen Sinn von Gedeihlich-wirken für andere Wesen und Eremitage (als sannyasin, Wander-Bettel-Mönch, als Hausloser, d.i. indisch anagarika, Anachoret, extremer noch als Stylit, d.i. der auf der Säule ausharrt). Da wird seine eigene „innere" Integration, Verbundenheit zu echtem „ganzem" Sich-selbst-sein ausgetragen gegenüber einer unverbindlichen kaleidoskopartig schillernden Multifacetten-patchwork-identity (Ornstein 1976, Keupp 1988) oder gar dissoziiert-gespaltenen Persönlichkeit. Gerade „unaufgeräumt" heterogene und unechte (Leihidentität) Persönlichkeiten sind einerseits selbst für Krisen auf dem spirituellen Weg, besonders in Schulen, Sekten, in Guru-Abhängigkeiten, gefährdet. Andererseits werden sie selbst leicht zu Gefahren für andere, die sich ihnen anvertrauen (Manipulation, Missbrauch im sexuellen, ökonomischen, auch spirituellen Sinn) und die sie in grandios-megalomaner Selbstüberschätzung zur eigenen narzisstisch-libidinösen Befriedigung ausbeuten. Gerade gebildete, rhetorisch und demagogisch Begabte sind gefährlich (im 20. Jh. z.B. Osho-Rajneesh).

Die Authentizität, das echte Selbstsein, das Suchen des je eigenen Weges wurde und wird in vielen Schulen des Ostens und Westens unterdrückt. Stattdessen wurde und wird als „geistliche" Übung Unterwerfung und Anpassung, Submission, Obödienz, Selbstaufgabe gefordert. So hat sich z.B. der Zen-Buddhismus weit von den ursprünglichen Buddha-Lehren entfernt: Der Leitsatz des Buddha „seid Eure Leuchte für Euch selbst" und die Nicht-Selbst-Lehre (anatta) wurden missbraucht für kriegerische Destruktion und industrielle Expansion (s. Victoria 1997). Ähnliche Entwicklungen sind im Christentum (in den Mönchsregeln der Unterwerfung, im Verhältnis der Kirche zum Nationalsozialismus), in der russisch-orthodoxen Kirche, im fundamentalistischen Islam zu erkennen: wo immer Religion sich als Staatsreligion, als Instrument der Volksbeherrschung gebrauchen lässt und gleichzeitig opportunistisch von dieser Viktimisierung profitiert.

Yoga: Sich-Anjochen an das All-Eine

Die Austragungsformen von Spiritualität, des Sich-Anjochens (Yoga) an das Absolute, das All-Eine können nach den Grundformen von Yoga dargestellt werden:

Im **Karma Yoga** der werktätigen Güte und Barmherzigkeit wird non-egoistisches Guttun für Leidende, Kranke, Bedürftige in caritativem, pflegendem, therapeutischem, sozial unterstützendem Wirken heilsam für die „Klienten" und den/die Praktizierende(n).[9]

Jñana Yoga nähert sich denkend-reflexiv dem Einen, eingedenk dessen, dass dieses nicht erkennbar und sagbar (wie das Tao bei Lao tse) ist. So heisst es z.B. in der Kena Upanishad:

> Das Auge erreicht es (das Absolute) nicht,
> auch nicht die Sprache und auch nicht das Denken.
> Wir wissen es nicht. Es ist anders als das Wissen,
> es ist aber auch über dem Nicht-Wissen.

Kena Upanishad 1/3

Nur paradoxe Formulierungen können das von der Sprache nicht mehr Erreichte umkreisen.

> Wer es nicht denkt, der denkt es.
> Wer es denkt, der kennt es nicht.
> Es ist das Nicht-Gewusste für die Wissenden,
> das Gewusste aber für die Nicht-Wissenden

Kena Upanishad 2/3

---

9   Mutter Theresa wirkte in werktätiger Güte aus ihrer Liebe zu Jesus Christus (karma- und bhakti Yoga).

Bhakti Yoga heisst der Weg der liebenden Hingabe an einen Gott oder eine Göttin. In Liebe überantwortet sich der Fromme (ind. sadhu) einer verehrten Gottesgestalt, z.B. der Grossen Göttin-Mutter. Ein Beispiel:

O Grosse Mutter, Du allein
sollst meines Lebens Sinngrund sein
sollst meiner Wege Leitstern sein
sollst meiner Geister Himmel sein
sollst meiner Freiheit Lenker sein
sollst meines Willens Führer sein

sollst meiner Höhen Gipfel sein
sollst meiner Tiefen Urgrund sein
sollst meinem Dunkel Sonne sein
sollst meinem Leuchten Strahlen sein

sollst meinen Gluten Kühlung sein
sollst meinem Frieren Mantel sein
sollst meiner Freude Quelle sein
sollst meiner Trauer Tröstrin sein
sollst meiner Unruh Ruhe sein
sollst meiner Ruhe Frieden sein
Sollst meines Friedens Stille sein
sollst meiner Stille Tönen sein

sollst meinem Hunger Nahrung sein
sollst meinem Durste Wasser sein
sollst meinem Atmen Rhythmus sein
sollst meinem Tode Ziel-End sein

In letzter Radikalität geht es um die Ich-Aufgabe als Weg zur Einung mit dem Einen: Selbstauflösung im Überselbst. Bhakti als Gottesliebe findet in bestimmten Richtungen des Sufismus zu hoher religiöser Poesie. In der Ausrichtung auf Allah in Liebestrunkenheit verschwindet Ich und Selbst:

Auf dem Wege der Liebe
was hast du mit „Ich"
und „Selbst" zu schaffen?

Der Liebende ist ER,
die Liebe: ER
der Geliebte: ER
Wer bist du, da der Geliebte alles wurde?

Fariduddin Attar, aus Weischer 1981

Raja Yoga (Königsyoga) ist zu einem achtgliedrigen System entwickelt, das Körperübungen (asanas), Atemübungen, ethische Regeln, Abschirmung von Sinnesreizen, „einspitziger" Konzentration, Meditation in verschiedenen Stufen bis zum Samadhi (Absorption in einem nondualen Bewusstsein) umfasst.

Der Leib und die Alltagswirklichkeit

Die Vielfalt spiritueller Wege wird sich immer wieder im Verhältnis zum unausweichlich Gegenständigen der Alltagswirklichkeit zeigen. Man mag noch so sehr einem spirituellen Idealismus anhängen, die Alltagsrealität als mayahafte Illusion ansehen, in epistemologischem Sinn des radikalen Konstruktivismus die Alltagsrealität als Konstrukt des Bewusstseins darstellen – es bleibt die Gebundenheit des inkarnierten Einzelwesens an den Leib und seine Lebensnotwendigkeiten und Bedürfnisse, seine Möglichkeiten und Beschränkungen. Luft, Wasser, Nahrung, Liegestatt, Dach, Wärme, Zwischenmenschlichkeit – sie bleiben als Bedingungsgefüge der inkarnierten Individuen. Selbst extreme Asketen entfernen sich nicht ganz von solchen Abhängigkeiten (weshalb die Legenden über ihre Ablösung überhöht berichten). Der Leib ist die Stätte, worin sich individuiertes menschliches Bewusstsein für uns Menschen erkennbar manifestiert (also: nicht das Gehirn produziert Bewusstsein, sondern das Gehirn ist die materialisierte Ermöglichung, dass uns Bewusstsein erfahrbar, denkbar, in engen Grenzen sogar beforschbar wird[10]). Der Leib, das „poröse Ich" (Nietzsche), ist es auch, den wir als Vehikel auf dem Lebensweg, auch dem zur spirituellen Suche, gar zur Erleuchtung und

---

10 S. Bennett u. Hacker 2003

Erlösung brauchen. Der Leib lebt aus Bewusstsein und ist Gefäss des Bewusstseins.

So wie der Leib unumgängliche „eingefleischte" Grundlage der Bewusstwerdung ist, so bleibt der Mensch in die Alltagswirklichkeit eingebunden und abhängig vom „Irdischen". Askese heisst ursprünglich üben, leben in Disziplin. Radikaler trieb-, leib-, lebensfeindlicher Asketismus geht bis zur Auto-Mortifikation (Selbstabtötung) und Austritt aus dem humanum commune (koinós kósmos) mit verbindlichen Regeln der Ethik. Manche extreme Sannyassins Indiens leben so. Sie sind dem Menschengemeinsamen entrückt.

Der Buddha Gautama hat vor seiner Erleuchtung versucht, in extremer Askese den Durchbruch zur befreienden Einsicht zu erzwingen. Schon war er ermattet, vielleicht dem Tode nah. Da hörte er eine Stimme aus seinem Leib herankommen: „Warum quälst du mich, du brauchst mich für deine Entwicklung". Da kam nach der Legende eine Frau (Repräsentantin des Lebens wie Shivas Gattin Uma) und brachte ihm Milch zu seiner Stärkung. Dann konnte Gautama erkennen, dass sich in solch lebens-leibverneinender Haltung kein spiritueller Fortschritt erzwingen lässt – und entwickelte die Grundlehren des Mittleren Pfades, der vier heiligen Wahrheiten vom Leiden, von der Entstehung des Leidens, vom Weg zur Aufhebung des Leidens und von der Aufhebung des Leidens. Dieser Kern der buddhistischen Lehre ist ganz lebenspraktisch. Der lebenspraktischen Orientierung von Gautama Buddha entsprechen auch die schlichten Stufen des Achtfachen Pfades (Ashtangika-Marga).

Der Achtfache Pfad

1. Rechte Einsicht in die Vier edlen Wahrheiten
   Die bedingte Entstehung
   Anatta (Nonsubstiantialität des Selbst)
   Annica (Vergänglichkeit)
   Duhkha (Leidhaftigkeit, Unerlöstheit)
2. Rechter Entschluss zur ethischen Lebensführung in Entsagung, Güte (Wohlwollen), Nicht-Schädigung von Lebewesen (ahimsa).
3. Rechte Rede
   Vermeidung von Lüge, übler Nachrede, Geschwätz
4. Rechtes Handeln
   nonegoistisches Guttun zum Wohle aller Lebewesen
5. Rechter Lebenserwerb
   Vermeidung von Berufen, die andere Wesen schädigen
6. Rechte Anstrengung
   Ausdauerndes Bemühen zur Befolgung von 1-8
7. Achtsamkeit (satipatthana)
   Geisteskultur von Achtsamkeit auf alles (extern oder intern) im Bewusstsein Auftauchende, verbunden mit Loslassen, Nicht-Haften, Entwicklung zur Gelassenheit. Pflege der Einsicht in anatta, annica, duhkha als Ausgangspunkt der Läuterung (vipassana Klarsicht)
8. Sammlung (samma = samadhi)
   Stufen der meditativen Versenkung (dharana, dhyana, samadhi)

Hinter solcher Lebenspraxis tritt Buddhas Beibehalten von traditionellen Lehren (Karma und Wiedergeburt, Dämonen, Höllen) an Bedeutung zurück. Erst im Mahayana mit seiner Helfer-Stellvertreter-Gestalt des Bodhisattva wurde Buddha zu einer Art Gott überhöht und wurde Nagarjunas Philosophie der Leere, Shunyata, weiter entwickelt und als Buddhanatur aller Dinge gewissermassen wieder substantialisiert.

Askese: Übung im befreienden Loslassen

Die asketischen Austragungsweisen der Spiritualität sind im Mönchstum des Ostens und Westens gelebt, ob nun im Zusammenleben im Kloster oder in koinobitischer Kleinsiedlung oder im Eremitentum; auch da gibt es viele Formen zwischen noch relativ gesicherter Behausung und Einkommen und extremer Hauslosigkeit und nutritiver Entbehrung. Aber Askese ist nicht für Mönche und Nonnen reserviert. Echtes Loslassen gehört zum spirituellen Weg.

Askese (von griechisch askesis) heisst Übung, Sich-Einüben in die Geisteskultur, wie sie z.B. in den vier Brahma viharas des Buddhismus genannt sind: metta (Güte, Liebe im Sinne von non-egoistischem Gutwollen für alle Wesen), karuna (Mitleid im Sinne von compassion, nicht pity), mudita (Mitfreude), uppekha (Gelassenheit, Losgelöstheit, Gleichmut und in diesem Sinne Gleichgültigkeit, d.h. Abstandnehmen vom Bewerten, von Verhaftung an bestimmte kognitive und affektive Attributionen).

Äusserliche Askese in Kasteiung, gar Geisselung und Körperentstellung, -manipulation (von welcher manche Yogis, Fakire groteske Beispiele vorführen) kann leicht zum Selbstzweck, gar zur Demonstration des eigenen Fortschritts werden – und verfehlt gerade dann als Anhaften und Verfallensein an eine Praxis die Loslösung. Leibfeindliche Askese fixiert sich an Abwertungen des „Irdischen", ist lebensfeindlich bis sado-masochistisch und unfrei; unechte Askese.

Echte Askese, Loslösung vom Einzelnen angesichts der Fülle des Einen, verzichtet um eines hohen Zieles willen in der stets achtsam neu zu leistenden Arbeit des „Aufräumens" und Läuterns des eigenen Lebens zur Klarheit und Echtheit auf all die Gebundenheiten, Verhaftungen an Triebe, Wünsche, Beziehungen, Werte, Dogmen, Vorstellungen, Bilder, Erlebnisse, Sensationen (z.B. Kundalini, Chakras), gar „übernatürliche" Kräfte (sidhis) und Einflussnahmen (in Okkultismus, Magie, Heilen). Es ist ein fortschreitendes Sich-befreien, schliesslich auch vom Sehnsuchtsziel der Erlösung des Selbst in der Entselbstung (im Sufismus fana).

Der Asket in diesem hohen Sinn braucht keine äusseren Paraphernalien (rituelle Gegenstände), muss sich nicht in eine Höhle zurückziehen oder gar einmauern lassen – er lebt mitten unter den Menschen („auf dem Marktplatz" in den Zehn Ochsenbildern des Zen) als ein Abgeschiedener, entrückt aus den Eingebundenheiten, Verhaftungen an den Leib und seine Triebe, das Leben als Kette des Begehrens, an die Gesellschaft und ihre Kultur, ihre Konfession, ihre Kirche, zusammen „die Welt", in der er dennoch sein Leben weiter zu vollziehen hat – abschiedlich, einübend das Loslassen. In der radikalen Konsequenz kann solche Askese zu einem „inneren" (d.h. der Haltung nach) Austritt aus der Welt bei faktischem Verbleib in ihr führen. Es kann eine Entrückung sein, die den anderen als verrückt erscheint, so weit entfernt von ihren Normen.

Ramana Maharshi sprach von der Ausbreitung der Liebe – sie werde weit wie die Welt.

> *Weltentsagung meint nicht, dass einer*
> *sichtbar das gewohnte Leben mit Heim*
> *und Familienbanden abstreift, aber dass*
> *er Wünschen und Neigungen und dem Hängen*
> *an Dingen entsage ... Ausbreitung der Liebe*
> *und Hingebung wären schicklichere Worte ...*
> *als Entsagung ... dass seine Liebe weit wie*
> *die Welt wird.*
>
> Ramana Maharshi, 127

Die Formen von Spiritualität, welche die „irdische" Wirklichkeit mit ihren Bedürfnissen, Trieben, Angeboten bejahen, gehören zum Tantrismus, ursprünglich indischen (Shakti, Shivas Gefährtin), später auch buddhistischen (Tibet, Vajrajana) und islamischen (bestimmte Sufis) Lehren. Tantrische Übungen (im so genannten linken Tantra) von Sexualität, Genuss von Fleisch, Alkohol und anderen Drogen können leicht zum lustvollen Selbstzweck verführen und damit Abhängigkeit, Begehren (nach Wiederholung), Haften bedeuten, bemäntelt von Umdeutungen als „spirituelle" Übung, die von Trieb und persönlicher Bindung befreie. Da werden Leben, Leiben, Trieb-

und Sinnesfreuden, Fleisch- und Rauschmittelgenuss als symbolische Manifestationen des Einen Heiligen, sexuelle Vereinigung als Union des männlich-weiblichen göttlichen Prinzips (Shiva-Shakti, in Tibet Jap-lum), als Hierós gamós (göttliche Hochzeit) ritualisiert. In manchen Formen des Tantrismus soll damit auch detachment, Nicht-Haften, Ausleben ohne persönliche Bindung geübt werden[11].

Gerade an der Sexualität lässt sich die riesige Spannbreite der Einstellungen zeigen: Sie kann in liebend-verehrender Begegnung zweier Hierophanten (Erscheinungsformen des Divinum) gleichsam ein sakraler Akt der Union sein. Von da bis zu Freuds libidinösem Geschehen unter dem Diktat des Es, bis zur Sexualität als Gewerbe und als perversem Akt von Gewalt, Ausbeutung, Unterwerfung, Erniedrigung, Machtrausch und Leidenslust ist eine weite Spanne.

Es ist die Einstellung, die Geisteshaltung, die Handlungen heiligt, profanisiert oder missbraucht. Darin zeigt sich die Geisteskultur eines Menschen. Meister Eckehart sagt dazu:

> *Nicht gedenke man Heiligkeit zu gründen auf ein Tun.*
> *Man soll Heiligkeit vielmehr gründen auf ein Sein.*
> *Denn die Werke heiligen nicht uns, sondern wir sollen die Werke heiligen. Soweit wir heiliges Sein und Wesen haben, soweit heiligen wir alle unsere Werke.*
>
> Reden der Unterweisung 4, S. 57

Die buddhistischen Brahma-Viharas können Leitbilder spiritueller Lebenspraxis sein: Güte, Mitleiden, Mitfreude, Gelassenheit werden in der Achtsamkeitsmeditation kultiviert. Gelassenheit heisst gefasstes Annehmen dessen, was „von aussen" oder „von innen" antrifft, in Gleichmut gleich gültig sein lassen. Es setzt das Loslassen, Nichthaften an Wünschen und Strebungen, an Zielen, Vorstellungen voraus. Solches Loslassen (ind. viragya) ist in ernstem Verständnis eine radikale Forderung zur progredienten Ich-Relativierung bis zur Aufgabe sogar der Sehnsucht nach Befreiung und Erlösung. Dies geht

---

11 Osho-Rajneesh hat solches Ausleben bis zum abstossenden Überdruss bei seinen Adepten praktiziert (wohl in der Folge von Gurdijeff und Ouspenski und der Encounter-Bewegung).

schon in die Richtung einer Bewusstseinsweite, der Samsara (die Welt der Gestaltungen) und Nirwana (das Ungestaltete Eine) ineins kommen.

Was zeigt das Fehlen ernsthafter Spiritualität an?

Es gibt Zeichen, erkennbare Verhaltensweisen, die den Rückschluss erlauben: dieser Mensch ist *nicht* spirituell entwickelt:
- Grandiosität, Despektierlichkeit, Aggressivität, Hochmut, Anmassung, Egoismus, Rücksichtslosigkeit, Intoleranz, Arroganz, Ausbeutung.
- Fixierung auf Triebe, Begehren, Ruhm, Macht, Einfluss, Reichtum. Suchtartige Abhängigkeit.
- Illusionäre Selbstverkennung als im Besitze von Heiligkeit, wahrem Wissen, Orthodoxie und Fundamentalismus im Sinne der allgemein-verbindlichen Religion.

In der heutigen Begriffsaufblähung und -verdünnung wird Spiritualität vielfach gleichgesetzt mit scheinbar erreichbarer Ganzheit (Grof 1990, 91), mit emotional (Grof 1990, 285), transpersonal, religiös, mystisch, magisch, parapsychologisch, paranormal (Grof 1991), mit Selbstsuche (ohne Klärung, welches Selbst, das wahre i.S.v. Winnicott oder das Selbst als Atman, gemeint sei), mit Transformation, Wachstum, Therapie. Dem korrespondiert die euphemistische Umdeutung von Krisen von psychotischem Ausmass als spirituelle, transpersonale, transformative Krisen (Grof 1991).

Spiritualität manifestiert sich nicht überzeugend in orthodoxer Dogmatik, gar Fundamentalismus und fanatischer Intoleranz, in der Etablierung der sozial-politischen Einrichtung von Kirchen, auch nicht in dem spekulativen Entwurf von Philosophemen, Metaphysik-Systemen, nicht in grandiosen Synopsen. Reden und Schreiben über Spiritualität gibt keine verlässliche Kunde vom integralen Bewusstseinsentwicklungsstand des Autors.

Dazu kommt mir der Satz von Einstein in den Sinn:

Wer es unternimmt, auf dem Gebiet der Wahrheit und der Erkenntnis als Autorität aufzutreten, scheitert am Gelächter der Götter.

Was nicht essentiell, nur akzidentell, allenfalls aufrufend oder bestätigend zur Spiritualität gehört, ist eigens zu nennen, weil in inflationärer Begriffsverwendung spirituell und transpersonal, parapsychologisch, esoterisch, mystisch zusammen geworfen wurden und werden:

- Aussergewöhnliche Bewusstseinszustände, -inhalte
- Jedes intensivere religiöse Erlebnis (z.b. Ekstase, Vision, Audition)
- Körpersensationen (z.b. Kundalini-Phänomene)
- Parapsychologisches, okkulte Phänomene, Mediumismus

Eine Vision, Visionen, Bilder, Gestalten, Licht, Farben zu erleben, kann einen Menschen beglücken, erheben, auch bannen, faszinierend ergreifen, gar in Ekstase entrücken. Gleiches gilt für Auditionen (Angesprochenwerden, Musik u.ä.), für Leiberlebnisse wie Schweben, Leichtigkeit, Fliessen und Strömen im und um den Leib. Solche Erlebnisse können überraschend einbrechen und werden dann zur Aufgabe der Integration ins Leben: Ruf zum Aufbruch in die spirituelle Orientierung. Jede kognitiv-emotionale „Be-geisterung" ist wie ein Feuer, das auflodert, niederbrennt, verlöscht oder bestenfalls weiter glimmt. Nach beglückenden Erlebnissen, besonders wenn sie einige Zeit (Stunden bis Wochen) anhalten, können ungestillte Sehnsucht, Gefühle der Verlassenheit, Austrocknung, Heimatlosigkeit, gar schuldsuchende Selbstzweifel bedrücken. Die Integration wird vermutlich eher gelingen, wenn sie in einer religiös-ritualisierten (wenn auch nicht unbedingt in einer konfessionell-dogmatischen kirchlichen Eingebundenheit) Lebensführung eintrifft. Dann kann sie glückhaft wie eine Gnade, Belohnung für ausdauernde Bemühung, Verzicht, Disziplin angenommen werden und auf dem weiteren Weg stärken. Aber solche Erlebnisse sind (noch) nicht per se Zeichen von spiritueller Lebensorientierung. Sie können diese aber initiieren oder bestärken. Ähnliches gilt für die Bewertung von parapsychologischen Erfahrungen (Gedankenübertragung, -lesen, telepathische Kommunikation, gar telepathisches Heilwirken). Sie sollten nicht zur überhöhenden Umdeutung als Spiritualitätszeichen verführen. Dasselbe trifft meines Erachtens zu auf so genannte „übernatürliche" Fähigkeiten (sidhis) wie Reinkarnations"erinnerungen", Bilokation, Mediumismus, Austritt aus Zeit und Raum.

Ich bin mir bewusst, dass ich hier ein nüchternes Konzept von Spiritualität vertrete, das manchen gar karg und im geistigen Sinn asketisch erscheinen mag.

Doch es geht um das „Hiersein", das „Hiesige", die „Dinge", die wir wert und würdig halten, sinnerfüllend lieben dürfen:

Aber weil Hiersein viel ist, und weil uns scheinbar
alles das Hiesige braucht, dieses Schwindende,
das seltsam uns angeht.

Ach, in den andern Bezug,
wehe, was nimmt man hinüber? ...
... also
lauter Unsägliches ...
Bringt doch der Wanderer auch vom Hange des Bergrands
nicht eine Hand voll Erde ins Tal, die Allen unsägliche,
sondern ein erworbenes Wort, reines,
den gelben und blaun Enzian.

Und diese, von Hingang lebenden Dinge verstehn,
dass du sie rühmst: vergänglich,
traun sie ein Rettendes uns, den Vergänglichsten, zu.
Wollen, wir sollen sie ganz im unsichtbarn Herzen
verwandeln in – o, unendlich in uns!
Wer wir am Ende auch seien.

Erde, ist es nicht dies, was du willst: unsichtbar
in uns erstehn?

Was wenn Verwandlung nicht, ist dein drängender Auftrag?
Erde, du liebe, ich will ...
Namenlos bin ich zu dir entschlossen, von weit her.

Rilke, 9. Duineser Elegie

Das ist „die Ausbreitung der Liebe und Hingebung", von der Ramana Maharshi sprach (s. S. 44), der „Liebe, weit wie die Welt". Sie bedarf keines Ungewöhnlichen, Exzeptionellen, Ekstatischen mehr, keiner Parapsychologie, keiner Magie, keines esoterischen „Wissens", keiner Selbsterhöhung.
Denn das Alltägliche, der Stein, die Blume, der Baum, der Blick des Tieres, des Menschen – sie sind voller Botschaften des Einen Urhervorbringenden. Darum heisst es im Li Gi:

> *Es gibt nichts Offenbareres als das Geheime,*
> *es gibt nichts Deutlicheres als das Allerverborgenste.*

Li Gi, S.4

Blumen blühen im Schein der Sonne auf der Erde, Liebe schwingt zwischen Erdenkindern, Lebewesen, Menschen und ihren Mitwesen. Das All-Eine „ist" jenseits menschlicher Unterscheidungen und Gefühle: weder hoch noch tief, weder gut noch böse, weder licht noch dunkel, weder barmherzig noch grausam.

Spiritualität und Religion

Das Verhältnis von Spiritualität zur Religion wird je nach den Bedeutungsfeldern, die ein Autor mit diesen Begriffen verbindet, unterschiedlich bewertet. Religion ist ein sehr weiter und vielfältig verwendeter Begriff für die Beziehung der Menschen zu einer überindividuellen (im heutigen Sinn transpersonalen) umgreifenden Wesenheit, Macht, die, personal oder apersonal, als heilig erachtet wird. Religion kann zwischen verschiedenen Polen geortet werden: einerseits zwischen der Konfession einer Kirche als sozial-politischer Institution mit einem kollektiven, dogmatisch ausformulierten Glaubensbekenntnis und verbindlichen Ritualen und Geboten (Verhaltensvorschriften und Verboten), mit ihrer eigenen Geschichtsdeutung und Mythologie und der persönlichen Glaubensüberzeugung, der Individualreligion. Der ritualisierten Glaubenspraxis (Kult) steht die individuelle Glaubenserfahrung unterschiedlich starker (überzeugender) Gewissheitsintensität gegenüber, die nicht konform sein muss mit einer kollektiven Konfession. Eine weitere Polarität ist zu sehen zwischen dem Glauben, der von einem Autor als Künder, Prediger, Priester vermittelt wird, welcher Offenbarungswissen für sich in Anspruch nimmt und der auch als Mittler zwischen den Menschen und der Gottheit fungiert (Priesterreligion mit ihren hierarchischen Machtstrukturen), gegenüber der autonomen und autochthonen, genuinen religiösen Erfahrungs- und Überzeugungswelt der Einzelnen. Die Erlösung kann auf dem Wege der Selbsthilfe angestrebt werden (z.B. im Theravada Buddhismus) oder durch die Hilfe anderer (Gnade Gottes, Bodhisattva) vermittelt werden. Zwischen den Polen diesseitig, weltzugewandt, engagiert in weltlichen Aufgaben (zum Beispiel Krankenversorgung, Schulen, Sozialarbeit, politische Tätigkeit) und weltabgewandten Lebensformen (Monastizismus, Asketismus) spannt sich ein weites Feld der lebenspraktischen Austragungsormen von Religion. Auch die Formen des Bezugs zum Sozialen sind vielgestaltig: eingebettet in eine Sozietät, in eine staatsreligiöse Glaubensgruppe, in eine Sondergruppe (Sekte), in eine stärker abgeschlossene Glaubensgemeinschaft (monastische Lebensformen zwischen Kloster, Koinobitensiedlung, Eremitage, Anachoresis in extremis und dem besitz- und hauslosen Wanderer, indisch sannyassin).

Religiosität heisst Frömmigkeit, eine vom Glauben getragene Einstellung und Lebenshaltung mit bestimmten Formen religiösen Lebensvollzugs (Rituale, Gebet, Pilgerfahrt u.ä.).

Glaube meint ein lebensformendes verehrendes Vertrauen (faith gegenüber belief, welches Fürwahrhalten oder Meinen heisst) in Gewissheit ohne „Wissen" im Sinne von Episteme (überprüfbares Sachwissen im phänomenalen Bereich mit Verzicht auf ontologische Setzungen).

Religiös in dem hier gebrauchten Sinn wird im heutigen Sprachgebrauch, beeinflusst vom Englischen, vielfach spirituell genannt, besonders wenn ein Religiöser keiner bestimmten Kirche angehört, sondern sich auf seine eigene, wenn auch durchaus sozial vermittelte (Kultur und Subkultur), u.U. sogar suggestiv induzierte oder deutlich aus Sehnsucht und Erlösungsbedürfnis entstammende „Erfahrung" verlässt. (Dies wird gelegentlich terminologisch abgegrenzt als Spiritualismus).

Eine Religion im Sinne einer konfessionell-dogmatisch, gar orthodox, katholisch, fundamentalistisch orientierten und ausgestalteten sozial-politischen Institution mit ihrer Machtpolitik ist u.U. weit entfernt von Spiritualität in dem hier gemeinten Sinn, ja kann geradezu zum Hemmnis einer auch in der Alltagspraxis gelebten transkonfessionellen Spiritualität werden.

Spritualität als gelebte, d.h. im Alltagswirken ethisch verwirklichte Hinorientierung auf das All-Eine bleibt gewissermassen vorkonfessionell und transkonfessionell zugleich. Sie verzichtet auf eine Gestaltgebung des Glaubens (personal, apersonal, Schöpfungsmythen, Jenseitsmetageographie u.ä.). Diese Enthaltsamkeit von konfessioneller Ausgestaltung, verbindlichen Ansprüchen, Ritualen, der Einrichtung von Kirchen mit ihrer eigenen Geschichtskonstruktion (z.B. progrediente Selbstoffenbarung des persönlichen Gottes in der notabene abendländischen Geschichte) fordert viel, ja überfordert viele. Das religiöse Bedürfnis will stärkere haltgebende Strukturen, Sinnsetzungen, Versprechen, Zukunftsaussichten für den Fall von Wohlverhalten oder Fehlern. Die Nöte des Lebens rufen nach dem Heiland und seinen Vermittlern, nach dem Messias, nach dem Bodhisattva. Die christliche und die buddhistische Religionsgeschichte illustrieren diesen Religionsformungsprozess mit all seinen kulturassimilativen Elementen klar.

In dieser Sicht kann Spiritualität als Grundlage historisch späterer Glaubensausformung in den Religionen gesehen werden. Ein im Religiösen fortgeschrittener Mensch kann all die menschlichen Ausgestaltungen seiner Religion durchschreiten oder wenigstens relativieren – und wird dann erst frei für eine echte Ökumene: das gemeinsame den Religionen unterliegende, sie fundierende Anliegen der Lebensorientierung und des zugehörigen Ethos. Dann kann echte Spiritualität einem solchen Menschen zum Ausgangspunkt werden, sogar seine Religion, in die er durch Erziehung und/oder Konversion geriet, als historisch gewachsenes, zeit- und kulturabhängiges, wandelbares, vergängliches menschengestaltetes Werk zu relativieren, zu überschreiten (im Buddhismus: das Floss der Lehre zurück lassen). In dieser Sicht ist Spiritualität Grundlage und Weiterentwicklung einer Bewusstseinsausrichtung auf das All-Eine. Wenn dem Wanderer auf diesem Pfad ein Erlebnis des Einseins mit dem All-Einen, das er ja selbst in seinem überindividuellen Kern ist, zuteil wird (Mystik), so ist das dem Pilger ein Gipfelerlebnis. Dieses kann ermutigen und stärken, es kann aber auch zum Hemmnis des Fortschritts werden, wenn die Sehnsucht nach ähnlichen Erlebnissen gross ist und vom radikalen Loslassen abhält.

Die Stufen dieser Bewusstseinsentfaltung, die wir Entwicklung nennen und im Bild des Weges fassen, gehen von der vorkonfessionellen Spiritualität über die Ausgestaltung einer Religion als dogmatisch fundiertes Sozialsystem zum Überschreiten jeder konfessionell und rituell fixierten Religion mit verschieden religiös tingierter Spiritualität zu einer konfessionsübergreifenden ökumenischen Spiritualität.

Aber es bleibt meines Erachtens klar: auch Spiritualität in diesem religionsfundierenden und religionsüberschreitenden Sinn einer Lebensorientierung und Lebensführung ist ein gelebtes Bekenntnis – in der Schwebe des Gestaltlosen. Echte Spiritualität wird sich nicht auf bestimmte Termini, Rituale, Dogmen, System-Konstruktionen festlegen lassen. Deshalb bleibt sie auch transkonfessionell (und in diesem Sinne ökumenisch) und tolerant gegenüber verschiedenen Austragungsweisen von Spiritualität, solange die grundlegende Ethik stimmt.

Auch die Ablehnung jeder Spiritualität und Religion und die Überhöhung von rechnendem und beherrschendem Verstand (die karge Form von Rationalität) als scheinbar gesichertes Wissen schaffendes menschliches Wirken, ja auch Agnostizismus, Atheismus oder Ersatzreligionen in Wissenschaftsgläubigkeit oder politischen Ideologien – auch darin sind implizite religionsähnliche Strukturen (s. dazu auch Smart 1996). Gottfried Benn schrieb in seinem scharfen Berliner Deutsch:

Ich bin sehr für Heidentum und Physiologie – aber dahinter ist noch etwas anderes. Und wer das nicht sieht, soll die Schnauze halten.

Ges.W., Bd. 5, 1404

Spiritualität und Wissenschaft

Mit diesen Ausführungen ist implizit schon etwas zum Verhältnis von Spiritualität und Wissenschaft gesagt, was nun noch in einigen Sätzen expliziert sei: Wissenschaft sucht nach einer „objektiven" Beschreibung ihrer (von ihr mitkonstellierten) Beobachtungsgegenstände und nach einer Explikation ihrer Funktionen und systemischen Interaktionen. Sie stellt Gesetze fest, Ordnungsprinzipien, Erklärungen. Ihre Ergebnisse sind konstelliert von Fragestellung, Interesse, implizierten Werten. Wissenschaftliches Wissen stimme, so hoffen die Wissenschaftler, mit der „Wirklichkeit" überein. Aber was die sei, das ist selbst ein Interpretationskonstrukt. Der Hermeneutik als Kunst der Auslegung geht es um Verstehen im Sinne von Erkennen von Bedeutungen und Sinn und um eine Erhellung des Prozesses von Verstehen und der zum Verstehen führenden Schritte der Interpretation (Angehrn 2003) – mit der Einsicht, dass Deutungen keine Wesenheiten zutage fördern und dass sie grundsätzlich unabschliessbar bleiben. Dabei sind Interpretationen unumgänglich. Man sollte sie auch gar nicht vermeiden wollen, sondern sie transparent und argumentativ nachvollziehbar machen. Jeder Wissenschaftler, selbst ein experimentell arbeitender, kommt beim Prozess der Darstellung seiner Ergebnisse und der sich daraus ergebenden Schlussfolgerungen nicht um Deutungen, Auslegungen herum. Gerade da werden vielfach die konzeptuellen Konfusionen offenkundig (s. Bennett und Hacker 2003 für die Neurowissenschaften).

Wissenschaft als System von dem einem rational-argumentativen Diskurs zugänglichen Umgang mit Vorfindbarem (Phänomenalem)[12], wenn auch in konstruktivistischer Weise konfiguriert, macht Aussagen über „objektive Sachverhalte", physische in den so genannten Naturwissenschaften, die auf Sinneswahrnehmung, Messen und Zählen abstellen, immateriell oder nur sekundär in Sinnesdaten umgegossen in den philologischen, interpretativen, hermeneutischen Wis-

---

12 Die Gegensetzungen Subjekt - Objekt, Immaterielles - Materielles als empirisch Zugängliches muss nicht der letzte Schritt des Denkens bleiben: Der Weg geht darüber hinaus zum All-Einen als Ermöglichungsgrund auch dieser der menschlichen Perspektivität sich zeigenden Dualität (s.Loy.1998)

senschaften auch der Theologie und Philosophie, soweit diese wissenschaftliche Methodik pflegen, nicht nur denkerisch und sprachlich überkleidetes Bekenntnis sind (wie die metaphysischen Systeme und die Fundamentalontologie des Seins), sprach- und textbearbeitende Wissenschaften, Psychologie, Sozialwissenschaften u.a. Kulturwissenschaften. Solche Wissenschaft wird immer von der zeit- und personabhängigen Fragestellung, persönlicher Auslegung (s. epistemischer Interpretationismus), Verständnis, Bewusstseinshorizont und Erfahrung im weitesten Sinn des Forschers abhängen, ist also grundsätzlich „bedingt entstanden und vergänglich" in den Worten des Buddha. Empirische Wissenschaft ist in ihrer Fragestellung und Methodik und den möglichen Antworten beschränkt. Sie kann über Bedeutungen, Sinn von Welt, von Leiden, Leben und Sterben keine Antworten geben. Darauf Antworten zu suchen, ist Aufgabe der Philosophie, Anworten zu geben, Aufgabe der Religionen. Die „Wahrheit" ist ausserhalb des real-empirischer Forschung zugänglichen Bereiches nur bekenntnishaft gegeben: als Glaube, Überzeugung, die sich im Bekenntnis darstellt, als Gewissheit. Gewissheit kann sich auf die Erfahrung berufen. Aber die sichere Gewissheit von der Wirklichkeit der Erfahrung erlaubt keinen zwingenden, d.h. für andere als den Erfahrenden gültigen Schluss auf die ontologische Realität des Erfahrenen.

Spiritualität richtet sich in ihrem Bewusstseinshorizont weit über den jeweiligen Forschungshorizont von Wissenschaft. Daher muss auch keineswegs ein Ausschliessungsverhältnis von Spiritualität und Wissenschaft gesetzt werden. Im Gegenteil kann selbstkritisch und das heisst auch erkenntniskritisch relativierte wissenschaftliche Rationalität sehr wohl auf den grossen Bewusstseinshorizont von Spiritualität hinweisen (wie das faktisch bei einer Reihe von grossen Vertretern der Wissenschaft geschehen ist). Spiritualität als Bekenntnis und Lebensführung ist nicht irrational, sondern transrational (worauf Wilber auch wiederholt hingewiesen hat). Spiritualität bezieht sich nicht auf präpersonale und prärationale Bewusstseinstadien, sie bleibt auch nicht allein im rational-empirisch-personalen Bereich stehen, sondern schreitet in ihrer Bewusstseinsöffnung weiter auf den transpersonalen Bewusstseinshorizont zu. Daher kann auch nicht von einer

Position (sei es der Wissenschaft oder der Spiritualität) gegen die jeweils andere Position argumentiert werden. Nur gegen Grenzüberschreitungen des Erkenntnis- und Machtanspruchs ist anzugehen.

Die epistemologische Bewertung von Spiritualität wird vom Konzept Spiritualität abhängen. Als Lebenshaltung, -einstellung „ist" Spiritualität weder ein positives Wissen noch ein positiver Glaube. Eine seriöse, epistemisch enthaltsame Spiritualität trägt im alltäglichen Lebensvollzug eine Haltung, Wert- und Zielorientierung aus – ohne „Wissen" im epistemischen Sinn, ohne nach Beweisen zu fragen, ohne ein konfessionell-dogmatisches Gehäuse zu bauen oder zu bewohnen. Diese Haltung impliziert dennoch ein Bekenntnis – in der Schwebe der Leere: es ist das Bekenntnis zu einem Umgreifenden, zu einem non-dualistischen unfassbaren Einen (Advaita, Tao, Shunyata). In diesem Verständnis von Bekenntnis muss auch das Sicheingliedern in eine bestimmte Philosophie oder eine Art zu philosophieren als (nicht-religiöses) Bekenntnis gewertet werden. Die spirituelle Ausrichtung kann sich auf Erfahrung berufen, u.U. eine tief bewegende, unmittelbare, präverbale Ergriffenheit. Aber das ist kein Wissen im Sinne von Wissenschaft, es ist ein anderes „Wissen" (Wilber spricht von den verschiedenen Augen, die Verschiedenes sehen), eine Gnosis, Schau, Intuition, die allenfalls sekundär zu einem Interpretat ausgearbeitet wird, überlegt, strukturiert, in Sprache geformt, gar zu einem System, einem Modell elaboriert wird. Dabei können die Elemente eines solchen System-Modells durchaus im rationalen, logikverpflichteten Diskurs positioniert und konstelliert werden. Aber solche Modell-Entwürfe sind bestenfalls plausible Synopsen. Sie schaffen kein positives Wissen.

Die Bewusstseinseinstellung der spirituellen Orientierung kann als eine Öffnung des Horizontes des Bewusstseins gesehen werden. Das so genannte Überbewusstsein ist kein „neues" oder „anderes" Bewusstsein. Das e i n e Bewusstsein kann sich, bildlich gesprochen, ausdehnen, öffnen, weiten, lichten etc. Das Überbewusstsein ist nicht ein „Bewusstseinsraum", in dem sich der Spirituelle aufhält, gar geborgen zuhause fühlt. Denn dann wäre er „abge-spaced", wie der Jargon anschaulich sagt. Das mag auch vorkommen beim sannyassin und Psychonauten-Aussteiger. Aber der Spirituelle im strikten

Sinn steigt nicht aus der Welt aus, er hält sich in ihr als dem Erdboden auf – freilich als ein in Haltung, Einstellung, Wertwelt zu Achtsamkeit, Fürsorge, Gelassenheit Gewandelter.

Ein solcher spiritueller Mensch wird nie zur Wissenschaft in Konkurrenz treten, kann selbst in einem Fachgebiet Wissenschaft treiben. Selbstreflektierte Wissenschaft, die sich ihrer Grenzen bewusst ist, wird auf die andere, die spirituelle Dimension der Bewusstseinseinstellung verweisen können.

Spiritualität und Mystik

Spiritualität in dem hier verstandenen Sinn bedeutet Hinordnung des Lebens auf das All-Eine, Einordnung in einen geahnten, überpersönlichen (transpersonalen) Gesamtzusammenhang (Ideal und Idee des Ganzen, Holon). Mystik kann als Einheitserfahrung Höhepunkt spiritueller Lebensorientierung sein.

Mystik ist traditionell die Bezeichnung für das religiöse (im weiten überkonfessionellen Sinn) Einheitserleben des Einzelnen mit dem All-Einen: dass der im Individuum als Wesenskern des Selbst „wohnende" Atman eins ist, identisch ist mit dem Überselbst, dem allgemeinsamen „Grossen Selbst", Maha-Atman, Brahman.

Man kann (leider oft fälschlich implizit wertend) Naturmystik, das spontane Erlebnis des Einsseins mit der umgebenden Natur unterscheiden von der monotheistischen Hochmystik. Das bezeichnet die im Rahmen einer religiösen Konfession in Übungen angestrebten (intentionierten) und vorbereiteten, in Ritualen und Meditationsmethoden facilitierten besonderen Bewusstseinslagen der personal-dualen Begegnung mit Gott im „inbrünstigen" Hingegebensein (Absorption) des Gebetes als wortlose, schweigende, das Bittgebet überschreitende Begegnung mit Gott (Bunge 1987) oder als auch leiblich und affektiv erlebtes Einwohnen Gottes im Frommen (z.B. die erotische Mystik der Teresa von Avila) oder als liebende Selbst-Aufgabe in Gott (im Sufismus[13]).

---

13 Arasteh and Sheik 1989

Die individuums-, personüberschreitende non-duale Mystik fokussiert auf das Erwachens-Ereignis des Gewahrwerdens, dass der transpersonale Kern des Selbst (Atman) identisch ist mit dem Überselbst (Maha-Atman).[14]

Ergriffenheitserlebnisse wie die Mystik sind transrationale, transpersonale, ausserhalb des diskriminierenden Realitätsbewusstseins und der sprachlichen Fassbarkeit sich ereignende Geschehnisse.

So sagt ein Zen-Spruch treffend:

> *Wie kann man eins werden mit dem,*
> *was weder ist noch nicht ist.*

Zen, Insel, 32

Eine andere Gegenüberstellung trennt echte von falscher Mystik. Echte Mystik führt in der Kultivierung von universaler Verantwortlichkeit für alle Wesen und ihre Lebensgrundlage, die Erde, in die Welt zurück und stellt den Mystiker, d.h. den spirituell lebenden Menschen mit mystischer Erfahrung, dieser Welt „zur Verfügung": als ein durch das Erlebnis Gewandelter wendet er sich gelassen (d.h. ohne Haften) der Welt zu, gerichtet auf das Hier und Jetzt, um hier je nach seinen Gaben spirituell-religiös (s. Bodhisattva), kurativ und pflegend, psychotherapeutisch, sozialtherapeutisch, ökonomisch etc. zu helfen.

Falsche Mystik (Pseudomystik) meint verschiedene Selbsttäuschungen: die illusionäre Selbsterhöhung als wissend (in esoterischen Weltbildern und grandiosen Synopsen) oder als einflussnehmend (spiritistisch, okkultistisch, parapsychologisch, magisch). Die Gleichsetzung von aussergewöhnlichen Bewusstseinserfahrungen, gar Leibregungen (Kundalini[15], Chakras, Vibrationen, Levitationen, Stigmata, u.a.) als mystisch-spirituell ist in der new-age-pop-Esoterik weit verbreitet. In der falschen Spiritualität und Mystik wird der Vollzug der

---

14 Im Blick auf die Literatur ist kritisch auf die implizite Wertvoreingenommenheit (z.B. Zähner 1980, der als Konvertit den Katholizismus auf den Gipfel stellt) und das gar akademisch-theoretische Einteilen zu schauen.

15 Scotton 1996

alltäglichen Verantwortung für das eigene und jedes andere Leben in Lebensverweigerung aus Bequemlichkeit oder Flucht gemieden (defensive spirituality, spiritual escapism, s. Baumeister 1991), manchmal mit konkretistischen Illusionen paradiesartiger Glückseligkeit und erhaben-abgehobenem Lächeln des „Erwachten" (narcissistic spirituality, spiritual ego-trip), evt. mit grandioser Abwertung der nicht Erwachten (offensive spirituality).

Spiritualität und Schamanismus

Nach deskriptiven Kriterien der Gestalt des Schamanen und seiner Kultur könnte man eine nahe Verbindung verneinen. Der Schamane ist ein besonderer Funktionsträger in einer bestimmten (heute allerdings nicht überwundenen, sondern unterschwellig unter der aufgeklärt-rationalen Kultur weiter aktiven) Kulturschicht, der die unsichtbare, aber doch in bestimmten Bewusstseinszuständen einigen Menschen zugängliche Anderwelt (nonordinary reality, Castaneda) voller Geister (spirits) ist, die in die Alltagswelt (ordinary reality) hinein wirken.

In besonderen, durch bestimmte Techniken (Atmung, Singen, Tanzen, Trommeln, Rasseln, Halluzinogene) induzierten Bewusstseinszuständen (Trance) übt der Schamane seine Funktionen aus: heilen, für den Erfolg bei der Jagd sorgen, die Harmonie des Einzelnen mit seiner Mitwelt menschlicher und nichtmenschlicher Natur (einschliessend ordinary und nonordinary reality) wiederherstellen, Verlorenes suchen, das Wetter beeinflussen, die Geschichte und Bräuche seiner Kultur tradieren, Feste, Opfer, Rituale bei Geburt, Hochzeit, Tod zu leiten etc. Dabei hilft ihm sein spezieller Hilfsgeist als Führer oder auch als Hauptakteur, indem sich der Schamane für die Dauer seiner Funktionsausübung von diesem Geist besetzen lässt (eine Form der Besessenheit). Der Schamane kann auch andere Geister von Pflanzen, Tieren, Verstorbenen einbeziehen. Das ist das spiritistisch-animistische Weltbild, in welchem Geister konkret fürwahr genommen, herbeigerufen oder ausgetrieben werden, nicht etwa „nur" symbolisch, gar metaphorisch (wie in manchen Deutungen des Neoschamanismus z.B. als „spirituelle Energien", mit denen dann magisch-physikalistisch verfahren wird).

Schamane(-in) wird man durch Familientradition oder spontan (meist in Zusammenhang mit einer lebensbedrohlichen Krankheit, der Schamanenkrankheit, die in Selbstheilung oder mithilfe eines erfahrenen Schamanen überwunden wird). Durch diese Krankheit als initiatische Krise und durch Rituale von seiten eines oder mehrerer Schamanen wird der Neophyt eingeweiht: Initiation. Dann folgt die manchmal jahrelange Lehrzeit.

Besonderes Interesse fand und findet die Heilerfunktion des Schamanen: Krankheiten entstehen nach der schamanischen Deutung durch Verlust von Teilseelen (Vielseelenlehre, eine polypsychistische Anthropologie) oder durch Eindringen von Krankheitsgeistern in den Kranken (als Strafe für Tabuübertretung oder durch Schreck, susto oder durch Schwarze Magie). Im schamanenspezifischen besonderen Bewusstseinszustand, in welchem er zur Wirkstätte des Hilfsgeistes wird (Possession) und damit Macht über die Geister hat (aktive Possession), erfährt der Schamane, worum es sich handelt und was er tun muss: die verlorene Seele (Teilseele) suchen und wieder in den Kranken zurück bringen oder Krankheitsgeister besänftigen. Oder er muss Krankheitsgeister vertreiben oder extrahieren (Exorzismus, manchmal mit Vorweisen materialisierter Relikte dieses Geistes, z.B. Feder, Steinchen). Dabei muss der Schamane oft weite Reisen in metageographische Länder unternehmen oder in die Unterwelt zum Herrn der Krankheiten. Dazu muss er viele Stunden erschöpfender Anstrengung auf sich nehmen. Oftmals kann er nicht aus eigener Kraft, sondern nur mit Hilfe von seinen Assistenten wieder aus einer Art entrückten Starre wieder ins Alltagbewusstsein gebracht werden.

In dieser kurzen Skizze wesentlicher Elemente des Schamanismus wird die animistisch-spiritistische und magische Kulturgrundlage deutlich. Daher kann man in dieser Sicht Schamanismus und Spiritualität nicht nah zusammen bringen (was manche Möchtergern-Neoschamanen gerne hätten).

Dort, wo einzelne ursprünglich schamanische Gestalten zu einer über das animistisch-magische Weltbild hinausgehenden Sicht auf den allverbindenen Grossen Geist kommen, der weit über Geistern, Dämonen, Göttern, selbst einem personalisierten Hochgott das Wesen des Universums ist (z.B bei einigen nordamerikanischen Sehern wie Black Elk), dort ist eigentlich Schamanismus und animistisch-magisches Tun überschritten – der kulturelle Schritt in Spiritualität als Lebensorientierung auf das geistige All-Eine getan.

Der spirituelle Weg

Die Bewusstseinsentwicklung und die Wandlung der Position des Ich sind im Bild des Weges gefasst: homo viator, peregrinus. Auch Abschnitte, Stadien des Weges wurden dargestellt (besonders bekannt Johannes vom Kreuz): via purgativa (Läuterung), via illuminativa (Erleuchtung), via unificativa (Vereinigung).

Die Entwicklung kann auch im Gleichnis von Blüte oder Baum dargestellt werden. In der Perspektive auf ein „Aufgehen" der weiteren, tieferen, helleren Sicht kann man von Erwachen (awakening) sprechen.

Als „Modelle" des spirituellen Weges dienen die Aufstiegsvorstellungen, auch der Höhen-Flug, Leiter, Treppe, Spirale. Wilber vertritt in seinen Schriften (Übersicht s. Visser 2002) das Spiralmodell einer Progression von präpersonalen über personale zu transpersonalen Stadien der Bewusstseinsentfaltung.[16]

Der Topos des Weges und der Entwicklung

Gewiss beinhaltet der Gedanke des Weges sowohl wie der der Öffnung und Erweiterung des Bewusstseins mit all den Folgen solchen Aufbruchs, solchen Unterwegsseins die Vorstellung einer Entwicklung. In meinem Verständnis ist Spiritualität aber grundsätzlich eine

---

16 Dabei, so könnte man spekulieren, bleibt das Zusammentreffen von Alpha und Omega, Ausgang und Ziel im Uroboros- oder Zirkelmodell erhalten – ohne dass man diesen Zirkel nur psychogenetisch verstehen müsste, wie das die Psychoanalyse (und rezent auch Sloterdijk) tut, d.h. Ausgang und Endziel im intrauterinen narzisstischen Autismus, Autoerotismus „verortet".

Einstellung der lebensbestimmenden Gerichtetheit auf das All-Eine. Dass eine solche Haltung im Verlauf des Lebens eines einzelnen Menschen zwischen Kindheit, Jugend, Erwachsenalter und Alter Wandlungen erfährt, ist nahe liegend, da alles Lebendige im Fluss ist. Stillstand wäre Tod. Je nach Altersstufe und kulturellem Hintergrund (von der mythischen zur rationalen Schicht) mag dann Spiritualität sich verschieden zeigen: vom schamanischen Animismus mit seiner Possession und Magie bis zum Weisen im Idealbild von Lao tse, vom Traumsuchen eines Indianers bis zur ichauflösenden Gelassenheit von Ramana Maharshi.

Eine solche Entwicklung kann schematisch in einen Abschnitt vor dem Erwachen (prä-initiatisch), in das Intitiationserlebnis und in die Folgezeit (post-initiatisch) eingeteilt werden. Eine Regelmässigkeit der Abläufe ist unwahrscheinlich, eine Typologie recht spekulativ. In allen drei Abschnitten wird man „unauffällige" Menschen sowohl wie sonderbare treffen. Das Intiationsereignis kann ganz still und undramatisch ankommen oder in bewegter Ergriffenheit, Ekstase, Enstase. Ramana Maharshi ist der Typ stiller Entrückung und sozialen Rückzuges, Ramakrishna der Typ des Ekstatikers. Das blieb auch so im postinitiatischen Verlauf, auch wenn der Spirituelle (im Bild der zehn Ochsenbilder) „auf den Marktplatz" geht, sich Adepten zur Verfügung hält.

Die Rede von der spirituellen Entwicklung als stete Aufwärtsbewegung auf das hohe Ziel hin, die Bilder von Treppe, Leiter, Pyramide, Spirale induzieren leicht die Vorstellung vom Aufstieg als „Himmelfahrt", von Höherkommen. Solche Vorstellung führt leicht in die Irre: „Es geht" keineswegs gleichförmig nach oben, womöglich aller Erdenschwere enthoben. Solches Hoffen trügte. Es gibt auch keine regelmässig zu findenden Typen der Entwicklungsschritte (Wilber selbst bezeichnet seine Stufen- und Spiralmodellvorstellungen als „metatheoretisch"). Die von Johannes vom Kreuz gezeichneten Abschnitte der Reinigung (Läuterung), Erleuchtung, Vereinigung mit den Perioden der Dunklen Nacht der Seele und des Geistes bezeichnen mögliche Durchgangsstadien, die aber nicht geradlinig durchschritten werden und die sich wiederholen können.

Manche Menschen erfahren in ihrer postinitiatischen Phase immer wieder ergreifende, bestätigende, ermutigende Erlebnisse und geben sich ihrem Ziel immer ausschliesslicher hin – bis zum Austritt aus dem Menschengemeinsamen des sannyassin. Andere leben äusserlich unauffällig und still ihr Arbeits- und Familiendasein, tun ihren Dienst und erfahren, brauchen aber auch keine dramatischen Bestätigungen, dass sie auf dem Wege seien. Diese Unauffälligkeit sprach Lao tse an:

Der Heilige trägt sein Juwel in härenem Gewande.

Lao tse, Tao te king, 70

Mehr Extravertierte werden kerygmatisch aktiv: als Prediger oder Gurus wenden sie sich an ihre Gefolgschaft, die ihr Charisma verehrt. Andere drängt es zum Schreiben immer neuer synoptischer Entwürfe. Die „Einspitzigkeit" der Ausrichtung ist durch sozialen Rummel oder einen allumfassenden Wissenschafts- und Spiritualitätsanspruch nicht einfach zu leisten.

Lao tse sagte dazu:

Wer weiss, redet nicht
Wer redet, weiss nicht.

Tao te king 56

Bei vielen Meditanden geschieht nach anfänglich beglückenden Bewusstseinsöffnungen jahre-, ja jahrzehntelang nichts mehr dergleichen. Dennoch üben sie weiter und pflegen ihre Spiritualität im Studium religio-philosophischer Texte und im seriösen Alltagsdienst. Andere suchen und finden ihre Anregungen in Gruppen und im Kontakt mit einem geistlichen Führer.

Der Gedanke der Entwicklung sollte nicht zu sehr auf das Aufstiegsmodell (mit seinen bildhaften Varianten) fixiert sein. Sonst können Sehnsüchte, Wünsche unerfüllt bleiben und zu Enttäuschungen, Verzagtheiten, Verlassenheitsgefühlen, schuldhafter Selbstbefragung nach Fehlern oder Versäumnissen, nach Unwürdigkeit führen. Ein wiederholtes Annähern und in-die-Ferne-Rücken, wie Wellen, wie

Täler und Berge auf einer langen Wanderung, das dürfte das passendere Bild sein. Da kommt das Thema der Zielstrebigkeit und des Kräftehaushaltens im Auf und Ab nahe.

Wilber vertritt ausser einem entwicklungspsychologischen Modell auch ein kulturevolutionäres. Das heisst, er „diagnostiziert" Spiritualität auf den verschiedenen Kulturstufen, was ein viel weiteres Konzept von Spiritualität voraussetzt und ausserdem einen Evolutionspositivismus darstellt (wie Sloterdijk anmerkte). Dann „sieht" er Zeugnisse von Spiritualität vom Frühzeithöhlenmaler und Schamanen bis zu „modernen" pluralistischen, ja pantophagischen (Konsumismus aus vielen Traditionen, Methoden, Ritualen) Austragungsweisen. In solch weitem Konzept von Spiritualität wird die kulturvergleichende Perspektive zu einer Art vergleichender Religionskunde.

Kann man den Weg gehen lernen? Dazu das Lehrstück aus dem Zen:

Dschau-dschou fragte seinen Lehrer Nan-tjüan:
„Was ist der wahre Weg?"

Nan-tjüan erwiderte: „Der alltägliche Weg ist der wahre Weg." Wiederum fragte Dschau-dschou: „Kann man den Weg erlernen?" Nan-tjüan sagte: „Je mehr du lernst, desto weiter kommst du vom Weg ab."

Darauf fragte Dschau-dschou: „Wenn man dem Weg nicht durch Lernen näherkommen kann, wie kann man ihn erkennen?"

Nan-tjüan sprach: „Der Weg ist kein sichtbares Ding, er ist auch kein unsichtbares Ding. Er ist nichts Erkennbares und auch nichts Unerkennbares. Suche ihn nicht, lerne ihn nicht, nenne ihn nicht! Sei weit und offen wie der Himmel, und du bist auf dem Weg!".

Zen, Insel, 25

Meditation

Meditation ist die Kultivierung der Entfaltung des Bewusstseins. Die Menschheit hat zahlreiche Wege, Techniken, Methoden, Einstellungen und Einsichtsformulierungen gefunden, in denen meditative Entfaltung des Bewusstseins (meditation specific consciousness, Goleman 1977) erzielt werden soll und ihren Ausdruck findet. Es scheint sich eine gewisse Konvergenz der Stufen meditativer Wege abzuzeichnen (Brown 1988). Auch weist das „Erreichbare", sofern es überhaupt der sprachlichen Vermittlung zugänglich ist, zumindest in einer gewissen Annäherung über verschiedene Schulen und Doktrinen Gemeinsamkeiten auf. Wichtiger erscheint mir, Meditation als eine Weise zu leben, eine Geisteshaltung von Achtsamkeit, Besonnenheit, Wohlwollen, Mitfühlen und Gelassenheit zu kultivieren.

Krishnamurti (1977, 122-133) vertritt in seiner eleganten Rhetorik mit dem Spiel der Redundanz eine gar weite Auffassung von Meditation; es geht dabei um eine Lebensform:

Meditation ist Leben (121), das eigene innere Leben (125),
ist Stille, Schönheit, Gleichgewicht, Harmonie (124),
ist Konfliktauflösung (128), ist Aufmerksamkeit, sich ganz
an etwas hingeben. Dazu muss man frei sein (127).
Meditation ist Überwindung der Spaltung von Beobachter
und Beobachtetem. Die wahre Tugend ist Ordnung in den
Beziehungen (133).
Solche Meditation führt zu „psychischem" Sterben: so zu
leben, dass der Geist immer jung, frisch und unschuldig,
immer verletzlich ist, das heisst Meditation (133).
Sterbenlassen, Loslassen, Aufgeben ist Leben (172/3).

Wichtiger als jede „Technik" der Meditation, die ja hinsichtlich Tiefe, Zeitdauer, Häufigkeit in die Lebensführung integriert sein sollte und die für die jeweilige Persönlichkeit und das Entwicklungsstadium des Meditanden geeignet sein sollte, erscheint mir die Kultivierung einer meditativen Lebensführung, die auch im alltagspraktischen Handeln verwirklicht wird. Damit ist wieder die Ethik angesprochen, ohne die Spiritualität leer bleibt oder abgespalten wird – und dann für jeden Missbrauch anfällig ist.

Begriff

Meditation bezeichnet die Bewusstseinsentfaltung, in der das eigene Selbst als eins mit dem überindividuellen Einen erfahren wird. In diesem Sinne kann man formulieren:

> Meditation heisst seine und der Welt Mitte als eine erfahren.

In mehr akademischer, an der Bewusstseinspsychologie orientierter Sprache kann man Meditation definieren:

> Meditation ist die durch regelmässiges Üben, eingebettet in eine gesamthaft darauf ausgerichtete Lebensführung, zu gewinnende temporäre, intentionierte, selbstgesteuerte Einstellung eines besonderen (d.h. vom durchschnittlichen Tageswachbewusstsein unterschiedenen) Bewusstseinszustandes: meditatives Bewusstsein.

Meditatives Bewusstsein

Das meditative Bewusstsein kann in Gegenüberstellung zum mittleren Tageswachbewusstsein so charakterisiert werden:
- Erhöhung der Wachheit
- Erweiterung des Umfanges und der Deutlichkeit des Gewahrwerdens,
- Achtsamkeit auf innere und äussere Vorgänge
- Steigerung der Helligkeit/Klarheit
- erhöhte fokussierte Aufmerksamkeit
- Versenkung bis Versunkenheit (Absorption)

Ziele

Die Ziele der Meditation sind ursprünglich religiös, erst heutzutage im „Zeitalter der Therapie" (Lasch 1982) auch profan:

Religiöse Ziele im weiteren Sinne
- theistisch und nicht theistisch
- mystische Union
- Erlösung, Befreiung

Profane
- Persönlichkeitsentwicklung
- Bereicherung persönlicher Fähigkeiten (Konzentration, Gedächtnis, Ruhe, Kreativität)
- Ataraktikum (Gelassenheit)
- Therapie

Techniken

Die bekanntesten Techniken der Meditation sind:

Haltung:	Sitzen, Liegen, Stehen, Handpositionen
Bewegung:	Gehen, Drehen, Tanz, Tai-chi, Gesten (Mudrâ)
Atmung:	– mit Regulierung der Atmung
	– ohne Regulierung aber mit Beobachtung der Atmung
Mantra:	Formeln, Lautgebung, eigene, instrumentell
Mandala, Yantra:	imaginatives selbstgeschaffenes Inbild und andere optische, akustische Fixierungen
Kôan:	paradoxe Sinnsprüche und Fragen im Zen

Wir wissen recht wenig davon, welche Persönlichkeiten für welche Techniken, auch für welche intensitative und zeitliche Anwendung der Techniken, geeignet sind oder: welche Menschen für welche Methoden, welches Ausmass und welche Intensität der meditativen Verfahren ungeeignet sind. Das wird im Allgemeinen vom Meditationsleiter bestimmt. Jedenfalls ist eine forcierte Meditation, so genannte Over-Meditation, vor allem dann, wenn sie sich mit Schlafbrechen, sensorischer Deprivation, übermässigem Fasten, überstarker Bindung an einen Lehrer, gleichzeitiger Entwurzelung vom Bisherigen (Familie, Gesellschaft, Wertwelt) verbindet, für Krisen gefährdend.

Instabile, in ihrem Selbstgefühl, ihrer „Einleibung" und in ihrem vegetativen Nervensystem labile Menschen, welche Alleinsein schlecht ertragen, brauchen eine besonders sorgsame Einführung und Begleitung.

Ich-Relativierung

Das (psychologisch) Gemeinsame von verschiedenen Meditationstechniken kann in der Ich-Relativierung („Ich-Aufgabe") gesehen werden. Das Ich tritt in seiner Mittelpunktständigkeit zurück. Temporär kann das Ich-Gefühl aufgehoben sein. Es erfährt sich als Teil eines umfassenden Ganzen, das selbst nicht gewusst, kognitiv erfasst werden kann, welches aber den Meditanden lebenswandelnd berühren, ergreifen kann, eine gute Erfahrung des Aufgehobenseins, der Geborgenheit in einem Umgreifenden.

Atmung:	Es atmet
Mantra:	Es spricht
Mandala:	Es zentriert, spricht, führt
Yantra:	Das Ich ordnet sich ein in kosmologisches System
Rhythmus:	Sich-überantworten an ein Überindividuelles
Kôan:	Paradoxie nur gültig in ich-verhaftetem Alltagsbewusstsein, aufgehoben in der Relativierung des logikverhafteten, Vorstellungen, Bilder, Meinungen, Urteile produzierenden Ich

In christlicher Meditation, geübt im betenden Ein- und Ausatmen „Du in mir – ich in Dir", tritt das Ich zurück, um dem Lebensgeist Christi Wirkstätte zu werden: „Nicht mehr ich lebe, sondern Christus lebt in mir" (Galater Brief 2/20). Ähnlich wird im ostkirchlichen Herzensgebet (s. Selawry 1970, Dietz 1976) die Anrufung „geatmet":

Herr Jesus Christus, Sohn Gottes, erbarme dich meiner.

Deskriptive Phänomenologie

In der deskriptiven Phänomenologie der Meditation ist beschrieben, in welchen Bereichen gelungener Meditation welche Erfahrungen auftauchen können und was wir an Durchgangsstadien und -störungen kennen.

	gelungene Meditation	Durchgangsstadien und Störungen
Wachheit	erhöht gleichmässig ruhig	flackernd, inkonstant, schläfrig, müde
Aufmerksamkeit	stetig, ruhig, erhöht	fluktuierend, zerstreut
Denken	statt diskursivem Denken Anmutungen, unmittelbare Anschauung	Gedankensprünge, Sprunghaftigkeit mit Gedankenabreissen
Wahrnehmung	Wahrnehmung von Umgebungsreizen vermindert. Bedeutung von Wahrnehmung verändert (andere Gewichtung)	Derealisation, optische und akustische (Pseudo-) Halluzinationen
Leiberleben	Aufhebung der Schwere, gelegentliche Levitation, Körperlosigeit, Leibgrenzen unscharf	Hitze, Frösteln, Schmerzen, Proportionsveränderungen
Zeiterleben	Zeitlosigkeit	Zeitdehnung
Raumerleben	Aufhebung der Räumlichkeit der Umwelt	Instabilität von Raum, Perspektive, Proportion, Dehnung, Öffnung ins Unendliche
Stimmung	gelassene ruhige Versammlung	viele verschiedene Stimmungen zwischen Panik und Glück, rauschhafte Ekstase
Ich-Relativierung	Relativierung des Ich-Erlebens, Des-Egozentrismus, Aufhebung der Ich-Grenzen, Selbstfindung	Verlust der Selbstkontrolle, Ohnmacht, Ausgesetztheit, Verlorenheit, Untergang, Psychose

Gefährdung und Krise in der Meditation

Aufgeteilt für die Bereiche Leib, Psyche, Soziales, Transpersonales und Transsoziales können wir das jeweils Wünschenswerte an Erfahrungen und gefährdende Voraussetzungen andererseits darstellen, dazu die krisenhaft auftretenden Störungen und einige Stichworte zur Therapie und Beratung dabei. (Lit. Scharfetter 1997, 1983, Epstein & Lieff 1988, Wilber 1988, Kornfield in Grof 1990).

Bereich	Optandum	Gefährdung	Krise	Therapie/ Beratung
Leib	Erdung Mitte Energiefluss Atmung	schlechtes „Einwohnen" im Leib, irregulärer Energiehaushalt Überatmen	Depersonalisation Dezentrierung Auflösung Stauung Eruption Anergie Kundalini	Grounding Atmung Diät körperliche Übungen, genügend Schlaf
Psyche	Ordnung Kontrolle Echtheit Ganzheit Kontinuität Detachment Gelassenheit Ruhe Freiheit	Unechtheit segmentierte Persönlichkeit Haften Abhängigkeit	Chaos Kontrollverlust Realitätsverlust Geschichtsdiskontinuität Spaltung, Auflösung Haften Unruhe, Angst	Diätetik technische Anweisung Führung Supervision
Soziales	Beziehung nicht haftend, frei autonom, klar echt, aufgeräumt	unsichere, abhängige, konfliktbeladene Beziehungen Fluchttendenz	Isolation Einsamkeit Verlassenheit Angst, Erregung Anklammern	therapeutische Begleitung (Beziehung), Beziehung(en) sichten, aufräumen
Transpersonales, Transsoziales	kosmische, aussermenschliche transpersonale Bezüge Mut Geborgenheit	Flucht aus Realität, Strukturlosigkeit, doktrinäre Macht-Strukturen der Unterwerfung	Ausgeliefertsein an kosmische Mächte, Geister, Verlorengehen im unendlichen Raum, Gottverlassenheit	Klärung des weltanschaulichen Grundes, der Motive. Supervision

Psychische Wirkungen

Die psychischen Wirkungen des Meditierens sind für viele Menschen erhoffte Qualitäten:

- Entspannung, Ruhe, Gelassenheit (non-attachment)
- erhöhte Stresstoleranz
- Wachheit, Präsenz, Aktivität
- Selbsterfahrung (-identität, -integrität, -akzeptation)
- Unabhängigkeit, Autonomie
- geringer Druck zur Defensive, erhöhte Toleranz
- grössere Stimmungsstabilität und Affektkontrolle
- harmonische, heiter-gelassene Zufriedenheit
- verbesserte Wahrnehmung und Konzentration
- erhöhter Einfallsreichtum, Leistungsfähigkeit, Kreativität
- verbesserte Beziehungsfähigkeit
- Entfaltung der „vier erhabenen Weilungen" (liebevolle Güte, Erbarmen, Mitfreude, Gleichmut)

Vorbereitung

Zur Vorbereitung des meditativen Lebens gehört mentale Hygiene: die Ordnung, das Sichten, Klären, Aufräumen in allen Lebensbereichen, besonders der Wertorientierung und in Beziehungen.

- Aufräumen
- Bewusstmachen (Satipatthâna, Achtsamkeit auf innere und äussere Vorgänge, Discernatio)
- Benennen
- Abstandnehmen (Detachment)
- Abstand vom Gedanken zur Tat

Achtsamkeitsübung (satipatthâna)

Die Achtsamkeitsübung des Buddhismus, im Palikanon in der Lehrrede von den Grundlagen der Achtsamkeit, sati-patthâna-sutta, in ei-

ner kürzeren und längeren Fassung vorkommen, ist eine wesentliche Vorbereitung vertiefter Meditation und meditativer Geisteskultur im ganzen Leben (Nyanaponika 1970,1980).
Der Grundtext lautet:

> *Der einzige Weg ist dies zur Läuterung der Wesen,*
> *zur Überwindung von Kummer und Klage,*
> *zum Schwinden von Schmerz und Trübsal,*
> *zur Gewinnung der rechten Methode,*
> *zur Verwirklichung des Nibbana*
> *(d.i. pali und entspricht sanskrit nirvana),*
> *nämlich die vier Grundlagen der Achtsamkeit.*
>
> *Welche vier? Da weilt der Mönch beim Körper*
> *in Betrachtung des Körpers, er weilt bei den Gefühlen*
> *in Betrachtung der Gefühle, er weilt beim Geist*
> *in Betrachtung des Geistes, er weilt bei den Geistesobjekten*
> *in Betrachtung der Geistesobjekte: Eifrig, wissensklar und*
> *achtsam, nach Überwindung von Begierde und Trübsal*
> *hinsichtlich der Welt.*

Gefahren

Die Gefahren der Meditation sind zu differenzieren nach der Persönlichkeit des Meditanden und des Meditationsleiters sowie nach Technik und Setting:

1. Im *Meditanden* gelegene Gefahren:
   - vulnerable Persönlichkeit (mit „falschem", nicht-integriertem Selbst)
   - Selektion gefährdeter Persönlichkeiten
   - (Meditation benützt als Abwehr/Flucht)
   - Beziehung/Abhängigkeit vom Leiter

2. Im *Meditationsleiter* gelegene Gefahren:
   - narzisstische Inflation
   - ethisch-moralisches Entgleisen
   - Ausbeutung von Schülern

3. In der *Technik* der Meditation gelegene Gefahren:
   - Fehlen eines stufenweisen Aufbaues
   - Fehlen eines psycho-physischen Entwicklungsganges
   - leib-, welt-, realitätsfernes Streben
   - falsche Atem-Techniken
   - Overmeditation
   - überstarkes Verlangen nach, Haften an positiven Erfahrungen/Gewinn/Erlösung
4. Im *Setting* gelegene Gefahren:
   - Isolierung, Führungslosigkeit
   - zu starke Bindung an den Führer, Übertragungsneurosen, -psychosen
   - Gruppendruck

Zu den in der Person gelegenen Gefahren ist anzumerken: Neumann (1949, 1957) stellt die „Grosse Erfahrung" als einen Akt des reifen „offenen" Ich dar, welches Öffnung, Zuwendung, Ergriffenheit zulassen könne. Es ist zu bedenken, dass gefährdete Persönlichkeiten, ich-schwache, schlecht integrierte Persönlichkeiten mit einem so genannten falschen Selbst, Menschen, die Meditation als Abwehr oder als Flucht benützen, die in eine starke Abhängigkeit vom Leiter geraten und sich selber dabei aufgeben, in besonderem Maße zu solchen Verfahren Zuflucht suchen, ohne dass sie von der Persönlichkeits- und Ich-Entwicklung her dafür vorbereitet wären. Solche vulnerablen Persönlichkeiten sind gefährdet, in übermässige Abhängigkeit zu kommen, in Isolation, Einsamkeit, Angst, Depression und Depersonalisation. Sie sind gefährdet, den Kontakt mit der Alltagswirklichkeit zu verlieren und den darin gegebenen Aufgaben und Verpflichtungen nicht mehr nachzukommen. Durch ihre starke Abhängigkeit vom Lehrer sind sie auch gefährdet, durch den Lehrer missbraucht zu werden im Sinne der Indoktrination, des materiellen oder sexuellen Ausnützens.

Meditationsleiter haben besonders hohen ethischen und moralischen Anforderungen an ihre Integrität, bescheidene Selbstreflexion, reife Überwindung von Anhaftungen, Wünschen, Trieben, Echtheit ihres gütig-toleranten Sich-Zur-Verfügung-Stellens zu entsprechen. Solch hohem Anspruch sind manche nicht gewachsen. Sie erliegen der Verführung von Selbstpräsentation als Guru, von Verehrung, Macht, Geld, Luxus, Sexualität, Alkohol und anderen Suchtmitteln.

Hinsichtlich der in der Technik der Meditation gelegenen Gefahren ist die besonders sorgfältige Überlegung, was welchem Schüler in welchem Ausmass zuträglich ist, besonders wichtig. Das ist auch eine der Begründungen, warum vom Meditationslehrer Anweisungen persönlich abgestimmter Art gegeben werden sollten, sofern dies möglich ist. Wer den Weg für sich allein wagt, braucht einen guten „inneren Meister" und Dialog mit ihm, um die entsprechenden Warnungen und Hinweise zu bekommen.

Wer Beratung und Betreuung von Menschen in Meditation anbietet, muss auch die im Setting gelegenen Gefahren von Isolierung und Führungslosigkeit einerseits, überstarker Bindung an den Führer mit der Entwicklung von Übertragungsneurosen und -psychosen andererseits in Betracht ziehen sowie die Wirkung eines unter Umständen überstarken Gruppendrucks mit entsprechender unfreier Abhängigkeit („Hörigkeit").

Auch hat der Berater die Kombination verschiedener Induktoren von besonderen Bewusstseinszuständen zu beachten (s. S. 85).
Meditation ist eine Methode der Bewusstseinsentfaltung. Als Methode ist sie Mittel, nicht Selbstzweck. Ziel ist nicht die Kultivierung einer isolierten Eigenwelt im meditativen Bewusstsein, eine Spaltung in zwei Welten: meditatives Privatissimum, getrennt vom Alltag. Solche Spaltung kann Gefahren für Krisen bergen, indem in der Meditation die Sensibilität für Zwischenmenschliches, Dysharmonie, Zwist, Ärger, Neid, Aggression, Rücksichtslosigkeit erhöht wird, der Meditand also vulnerabler und ungeschützter am Leid partizipiert (in Empathie und Sympathie) und den Übertstieg für das Funktionieren in der rauhen Alltagswelt unserer Zivilisation immer schwieriger findet.

Der Einzelne im Strom des Allgemeinsamen: universale Verantwortlichkeit in massvoller Selbstrelativierung

Spirituelles Bewusstsein der Teilhabe am individuumsüberschreitenden Geschehen weckt das Bewusstsein der Geschwisterschaft aller Wesen, mit denen zusammen der Einzelne im Lebens-, Bewusstseinsstrom treibt. Selbstrelativierende Einordnung, Bescheidenheit, Demut, Toleranz, Güte, Rücksichtnahme sind ständig zu übende Einstellungen.

Jesus Christus lehrte die Verantwortlichkeit für andere Wesen (Matthäus 25,40):

Was ihr dem geringsten meiner Brüder getan habt,
das habt ihr mir getan.

Und in negativer Formulierung (Matthäus 25,45):

Was ihr dem geringsten meiner Brüder nicht getan habt,
habt ihr auch mir nicht getan.

Wenn wir heute nach 2000 Jahren, in denen durch das Christentum so viel innerartlich und ausserartlich Destruktives geschehen ist, ergänzen, dass nicht nur Brüder, sondern auch Schwestern gemeint sind und dass diese geschwisterlichen Wesen in weiterer, weniger anthropozentrischer Perspektive für alle Lebewesen und ihre Lebensgrundlage stehen, so kann das Jesus-Wort als eine Mahnung an eine universelle ökologische Ethik gelesen werden. Darin läge eine Chance für eine echte „Erneuerung zum Ursprung" für das Christentum.

Universelle ökologische Ethik heisst rücksichtsvoller Umgang mit allen Lebewesen (Menschen, Tieren, Pflanzen, Pilzen) und ihrer Lebensgrundlage, der Erde mit Festland, Luft und Wasser.

Freilich mahnt die Besinnung auf die Lebensmöglichkeiten zur Bescheidenheit vor solchem Idealziel. Kein Lebewesen kann leben, ohne nicht anderes Leben zu schädigen oder zu töten. Das gilt nicht nur für Raubtiere, sondern auch für Pflanzenfresser. Der schlimmste Räuber allerdings ist der Mensch, der sich im Sinne des Alten Testaments die Erde untertan macht, alles für seine egoistischen Zwecke von Lust, Macht, Territorien, sogar „wissenschaftlichen Fortschritt" utilitaristisch ausbeutet, ohne Mass. Niemand kann leben, ohne nicht anderem Leben weh zu tun: in Kränkung, Verdrängung, Schädigung, Tötung. Sogar extreme Forderungen wie die nach Gewaltlosigkeit (im Indischen ahimsa) sind nur beschränkt zu verwirklichen, selbst dort, wo buddhistische Mönche in der Regenzeit (in der viele Kleintiere unterwegs sind) auf ihre Wanderungen verzichten (weil sie Tiere schädigen könnten) oder wo Jain-Mönche ein Tuch vor Mund und Nase tragen, um das unbeabsichtigte Einatmen von kleinen Mücken zu verhindern. Auch kann die Ahimsa-Forderung in Verbindung mit der Karma- und Reinkarnationslehre zu Grausamkeit führen in dem Sinne, dass ökonomische oder therapeutische Hilfen an Arme, Kranke, an leidende Tiere verweigert werden.

Dagegen stand Buddha's Grundsatz, in Güte, Barmherzigkeit, Mitfühlen hilfreich tätig zu werden – im ökonomischen, im Leibbereich und im geistlichen Beistand auf dem Weg zur Leidbefreiung.

Leben vollzieht sich auf Kosten von anderem Leben. Das geht in der Kette des Lebens von den „niederen" Pflanzen und Tieren bis zum Menschen. Die eigene Lebensverwirklichung führt unausweichlich zum Schmerz, zur Behinderung, zur Tötung von anderen Wesen. Beim reflexionsfähigen Menschen besteht die Möglichkeit, achtsam seine Lebensführung so einzurichten, dass möglichst wenig Weh und Schaden gestiftet wird, weder direkt noch indirekt (d.h. indem anderen Lebewesen die Lebensgrundlage geschmälert oder entzogen wird).

Auch der Eremit muss seine ökologische Nische mit Unkraut und Ungeziefer teilen. Auch der strengste Vegetarier kann einen Regenwurm zertreten, eine Mücke töten. Und er ernährt sich vom Lebewesen Pflanze.

Es ist also deutlich: es ist eine Frage des Mass-haltens im Umgang mit den mit-weltlichen Wesen und der gemeinsamen Lebensgrundlage. Und da wäre noch sehr viel zu lernen und umzudenken, sich zu besinnen, wie viele Möglichkeiten des Guttuns, des heilsamen Umganges mit der Mitwelt noch nicht vollzogen sind.

Ein selbstkritisch reflektiert lebender Mensch in spiritueller Orientierung wird sich mit der Last des Wissens um diese Unausweichlichkeit tragen müssen und wird in der Einsicht in das menschengemeinsame Geschick von Unvollständigkeit (duhkha), Fehleranfälligkeit an Selbstrelativierung wachsen.

III. Ich-Wandel auf dem spirituellen Weg

Ich und Spiritualität

Das Ich, substantiviertes Abstractum für das Selbstbewusstsein der Person, wird für den alltäglichen Lebensvollzug gebraucht. Es bezeichnet die Bewusstseinsfunktionen, die alles einer Person zukommende (Afferenz) und alles von ihr ausgehende (Efferenz), sofern es bewusst wird, als zu sich selbst gehörig dem Eigenbereich zuordnet. Dieser zentrale Funktionskomplex Ich, der nicht in einem neurobiologischen Substrat lokalisiert werden kann, ist als Instrument der Bewältigung der alltäglichen Lebensaufgaben unumgänglich – auch für den Menschen mit einer spirituellen Orientierung. Ja eine im Alltag bewährte spirituelle Lebensführung kann das Ich stärken. Spiritualität kann zur Ich-Freiheit im Sinne von Jean Gebser führen:

- dass die Person frei werde von allzu grosser narzisstischer Kränkbarkeit.
- dass das individuelle Ich sich von den Egoismen des Habenwollens, Festhaltens, der Macht, des Aussaugens, Anklammerns befreie.
- dass der Entfaltung von Toleranz, Güte, Fürsorge für alles Lebendige und dessen Lebensgrundlage nicht mehr die egozentrische Position im Wege stehe.
- dass die Person in ihrem transpersonalen Wesenskern, dem überindividuellen Ermöglichungsgrund seines Selbstseins, sich allmählich vom vergänglichen Funktionskomplex Ich löse (Desidentifikation).

In solcher Entwicklung kann das Ich einer Person in spiritueller Lebensorientierung und -führung an Stärke gewinnen: die Stärke des Ertragenkönnens, der Ausdauer und Geduld, der Duldsamkeit, der Mut zum Mitfühlen mit anderen Lebewesen, die Kraft zum Beistand und Mithelfen. Die Unbeirrtheit auf dem Wege – bei aller Flexibilität in verschiedenen Lebenslagen, -aufgaben – kann zur wachsenden Integration verschiedener Persönlichkeitsanteile, zur Autonomie des

Selbstseins beitragen, in selbstbescheidener Echtheit aus der Einsicht in die Unvollständigkeit und Verletzlichkeit jedes Menschen.

Eine solche spirituelle Entwicklung fordert viel: sie stellt den jeweiligen Stand der Entwicklung in die Bewährungsprobe, sie deckt Leerstellen, Unaufgeräumtheiten, Widersprüchlichkeiten, Abhängigkeiten, allzu dünne Grenzen mit Diffusionsgefährdung auf. Das kann sich in Krisen (s. Kap. IV) zeigen und manchmal zu psychotherapeutischen Hilfen Anlass geben.

Diese Überlegungen zeigen, wie naiv es wäre, die poetisch überhöhte Rede vom Ich-Tod wörtlich zu nehmen. Gewiss mag es in religiöser Ekstase, in tiefer Absorption meditativen Bewusstseins (ähnlich wie im Schlaf und in veränderten Wachbewusstseinszuständen) zu einem temporären Zurücktreten des Ich-Gefühls kommen. Aber das ist flüchtig und bedeutet nicht Ich-Tod.

Das Ich – die Selbsterfahrung

Das Ich bezeichnet den Selbst-Bezug im Erleben: dass das Bewusstsein (con-sciousness) des „Ich bin ich selbst", „ich erlebe...", „ich handle" und das korrespondierende Bewusstsein vom Nicht-Ich, dem Anderen, ständig präsent ist, begleitet (bei-wissen). Das Wachbewusstsein impliziert das ständig begleitende Bei-wissen, Mitwissen (Bewusstsein, Conscientia) über dieses in differenzierter Selbstbeobachtung immer reicher sich entfaltende „mentale Gebäude" vom Ich mit einem hierarchisch vorzustellenden Funktionssystem, ausgespannt zwischen Körperich und den reflexiven Funktionen vom Ge-wissen, überschaut, gar kontrolliert vom Observer-ego, einer Art übergeordnetem Monitor. Was alles zum Ich gehörig empfunden wird an körperlichen und mentalen Funktionen, Ausmass und Grad der Egoifizierung, ist persönlichkeits- und kulturabhängig. Das wird auch in der Sprache gespiegelt. Diese Formulierung ist wie die meisten Definitionsversuche ein tautologischer Zirkel.

Die elementaren Dimensionen des Bewusstseins seiner selbst, die dem Gesunden unreflektiert und fraglos gegeben sind: ich bin lebendig da (Vitalität), eigenaktiv (Aktivität) im efferenten Sinn (Streben, Intention, Wille, Handeln in der Welt) und in afferenter Richtung (ich mache diese Erfahrung, empfange diesen Sinneseindruck etc.), von eigener psycho-physischer Beschaffenheit und integriertem Zusammenhang, dies u.U. trotz sehr vielfältiger, heterogener, gar kontroverser Facetten meines Charakters, meiner Persönlichkeit (Konsistenz und Kohärenz), abgegrenzt mit einer nach „innen" und „aussen" durchlässigen, Kommunikation ermöglichenden Grenze (Demarkation), selbstidentisch im Quer- und Längsschnitt trotz vielfältiger Wandlungen in der physisch-physiognomischen Gestalt und in der Persönlichkeit (Charakter) mit ihren Erfahrungen mit sich und der Umwelt in der biographischen Entwicklung. Die elementare mentale Gestalt Ich heisst also: Selbsterfahrung als lebendig da, eigenaktiv, einheitlich und zusammenstimmend, abgegrenzt und bezogen, selbst-identisch im Quer- und Längsschnitt. Diese funktionelle Konstellation Ich brauchen wir als Instrument der Lebensbewältigung, als Fahrzeug, Boot, Floss durch die Alltagsrealität – und auf dem spirituellen Weg (s. Scharfetter 1995).

Ich und Selbst

Die Begriffe „Ich" und „Selbst" werden je nach Denk- und Sprachtradition recht unterschiedlich gebraucht. Das Ich bezeichnet zunächst die Erfahrung des „ich bin ich selbst", dann die Fähigkeit zur Beobachtung und Kontrolle zahlreicher Funktionen. Das Selbst ist ein substantiviertes Abstraktum für den Komplex „ich bin ich selbst". Das Ich-Bewusstsein muss man sich am ehesten als ein kompliziertes, hierarchisch strukturiertes System vorstellen, in welchem viele mentale Funktionen synergistisch-kohärenzstiftend zur Egoifizierung (Ich-qualität) integriert sind. Deshalb wäre auch die Suche nach einem Ort für die Lokalisation des Ich im Gehirn illusionär.

In der Tradition der Psychoanalyse mit ihrem psychischen Apparat von Ich – Es – Über-ich entwickelte sich ein Selbstbegriff, in dem das Selbst als germinatives Fundament erscheint, welches das Ich i.S. Freuds hervorkommen lässt. Winnicott traf die Unterscheidung in ein falsches Selbst, welches nicht authentisch, unecht, unvollständig, ohne stabile Identität und Abgrenzung und abhängig ist. Als Idealkonstrukt steht dem falschen Selbst das wahre Selbst gegenüber, welches echt, stabil, flexibel, standhaft, integriert, abgegrenzt und beziehungsfähig ist. (s. Tafel S. 82)

Eine andere Tradition der Konzeptualisierung des Selbst geht auf die abendländische Rezeption des indischen Atman-Begriffs zurück (übersetzt als self, Selbst). Sie beeinflusst über Schopenhauer und Nietzsche den Selbstbegriff von C.G. Jung. Hier ist das Selbst eine dem beschränkten Ich übergeordnete Instanz (bei Nietzsche heisst es: Das Selbst lacht über das kleine Ich). Diesem Selbst wird eine persönlich-individuelle Physiognomie zugeschrieben (der Begriff ist damit in der Nähe des wahren Selbst von Winnicott), aber auch eine personüberschreitende, in diesem Sinne heute transpersonal genannte Dimension zuerkannt. Dieser überpersönliche Kern, der Ermöglichungsgrund von Lebendigkeit, Bewusstsein und individueller Ausprägung, entspricht dem Atman, dem göttlichen Funken im innersten Innern.

In mancher Populärliteratur der Transpersonalen Psychologie wird nicht geklärt, welches Selbst denn gesucht, gefunden werde, das „wahre" Selbst, wie Winnicott es beschreibt, oder das „wahre" im Sinne des transpersonalen Selbst.

Zur Ausformung des wahren Selbst i.S. von Winnicott kann im günstigen Fall Psychotherapie beitragen. Die Realisation des wahren Selbst in der Bedeutung von Atman hingegen ist meta- oder transtherapeutisch. Sie kann sich nach den religio-philosophischen Traditionen des Ostens und Westens durch Selbstaufgabe, Ich-Tod, Entwerdung, Entselbstung ereignen: „Gib auf dein Selbst – und du wirst dich finden".

Diese Skizze der Ich-/Selbst-Entwicklung auf dem spirituellen Weg, dem Weg der Bewusstseinsentfaltung, erlaubt auch, das Verhältnis von Psychotherapie und Spiritualität zu beleuchten: Psychotherapie kann zur Ich-Selbst-Entwicklung und in Krisen Hilfe leisten, damit der Mensch im besten Fall frei werde für die progrediente Ich-Relativierung in der transpersonalen Ausrichtung (s. Tafel S. 83)

Die Psychotherapie muss selbstverständlich den gültigen Regeln wissenschaftlich belegbarer und methodisch transparenter Therapie folgen. Sie beginnt mit klarer Problemanalyse und richtet sich nach Indikationsstellung, Beschwerdebild, Diagnose und Persönlichkeit aus. Von Seiten des Therapeuten braucht es Offenheit und Verständnis für den spirituellen Bereich des Welt- und Selbstbildes, der Wertorientierung des Patienten.

Psychotherapie kann dem religiösen Menschen, dem spirituellen Pilger in Krisen und Nöten helfend beistehen. Sie kann antezedierend im Sinne des Aufräumenhelfens vor tiefer gehenden spirituellen Übungen (Meditation z.B.) und begleitend auf dem spirituellen Entwicklungsweg im Sinne der Integration spiritueller Bemühungen und/oder Erfahrungen sein. Spiritualität kann nicht Psychotherapie ersetzen, auch wenn sie helfen kann, Leiderfahrungen zu bewältigen. Psychotherapie kann und soll je nach der Offenheit von Klient und Therapeut spirituelle Themen nicht ausgliedern. Psychotherapie im weiten Sinne von Hilfe zum Leben-lernen kann zur Persönlichkeitsentwicklung und Reifung beitragen und damit indirekt spirituelle Lebensorientierung stärken, reiner, echter, vollständiger werden lassen.

Gegenüberstellung von falschem und wahrem Selbst

Falsches Selbst	Wahres Selbst
Selbsterfahrung • instabile Ich-Zustände • unsichere Selbst-Identität, Leih-Identität • Ich-Labilität • schwankendes Selbstwerterleben • innere (Wesens-) Widersprüchlichkeit • Leere, Isolation, Alienation • Angst vor Desintegration, Chaos	• stabiles kohärentes Selbstgefühl • integriert, harmonisch, verbunden • erfüllt, offen (Kontakt) • unverborgen, echt • autonom • fähig zur Selbstrelativierung ohne Entwertung
• Affekte/Emotionen schwankend • Affektbalance instabil (bes. bei Hass, Wut, Grausamkeit) • Überschwemmung von Affekten • Ängste • Depersonalisation (u.U. Derealisation)	• ausbalanciert, kontrolliert, steuerbar • flexibler und elastischer Umgang mit den Affekten • integriert • Mut zur Trauer, Abschied • Kraft zu Schuld, Scham, Angst
• schwache Impulskontrolle (Ausagieren von Impulsen) • Selbstverletzungen (Automutilation) • Suizidhandlungen • Alternieren von Lebenshunger und Todessehnsucht	• Selbstkontrolle, Autarkie • Selbstachtung • Selbstbewahrung, -liebe • Lebensakzeptanz in Schönem und Schwerem
• instabile Körperwahrnehmung und -akzeptanz • Depersonalisation • out-of-body-experience	• adäquate und stabile Körperwahrnehmung und Selbstkonstanz auch in der Leiberfahrung
• dissoziative Bewusstseinszustände (Austreten in Trance, Ekstase)	• Integration verschiedener Bewusstseinsbereiche (holistisch statt Austreten in Sonderzustände)
• Beziehungen instabil • wechselhaft zwischen Haften, Klammern, Verschmelzen und Abstossen, zwischen Idealisieren und Entwerten • instabile Grenzerfahrung mit Gefahr der Grenzaufhebung (Identitäts-Diffusion)	• Beziehungen ganzheitlich, • integriert, abgestimmt in wechselseitiger Achtung, Respekt, Takt (interpersonelle Sensibilität) • „genügend" stabil
• Reizhunger (sensation seeking) und Betäubung in polymorpher Sucht (mit und ohne Substanzen) zur Abwehr der Leere, Isolation, Ungeborgenheit, Schmerz der Verlassenheit, Heimatlosigkeit • exzitatorische Stimulation (Selbststimulation) vs. Betäubung, Dämpfung	• energetische Balance und Stabilität • Suchtresistenz • flexibel ohne Reizabhängigkeit oder -abwehr
Theorie • inhomogenes, unvollständiges (nicht ganzes), nicht integriertes Selbst • unecht (inauthentisch) • unsichere Identität • Kernselbst nicht oder mangelhaft entwickelt • facettenhafte „Teilselbste" (Subselves)	• einheitlich, vollständig, ganz • integriert, kohärent • echt (authentisch) • stabile Identität • keine dissoziierten Selbstanteile (Subselves) • stabile Mitte (Kernselbst)

Ich-/Selbst-Entwicklung (Bewusstseinsentfaltung)
Verhältnis von Psychotherapie und Spiritualität

Entwicklung →

Person	Präpersonal	Personal	Transpersonal
Ich		"Kleines" Ich unreif, unvollständig uneigenständig, außenbestimmt	"Grösseres" Ich entwickelt, reif, konsistent individualisiert, authentisch	"höheres" Ich "göttliches" Ich
Selbst		False self unselbstständig, unecht Leihidentität, inkonsistent	True self personal, echt authentisch, konsistent und integriert	transpersonales Selbst atman
		Psychotherapie →	**Spirituelle Entwicklung** →	

Die ahnende Erfahrung vom Atman (zur Begriffsabgrenzung „Überselbst" nach Paul Brunton) kann auf den Funktionskomplex „Ich/Selbst" im Alltagsbewusstsein im Sinne von Selbstrelativierung, Reifung, Gelassenheit zurückwirken. Der Atman ist nicht Gegenstand der Psychologie, „ist" er doch Ermöglichungsgrund von mental-psychologischen Bewusstseinserfahrungen.

Übersicht über Bewusstseinszustände

Das Ich ist eine temporäre Gegebenheit des Tageswachbewusstseins, welches selbst nur ein Teilbereich des Bewusstseins ist. Im Unterbewusstsein (von dem Träumen ein Beispiel ist) ist kein solches „Wach-Ich" da und im Überbewusstsein ist das Ich absorbiert.

In einer sehr einfachen schematischen Darstellung kann man die Bewusstseinszustände einteilen in das *Wachbewusstsein* und in das davon durch Übergänge nur unscharf abzugrenzende *Schlafbewusstsein*. Das Wachbewusstsein lässt sich unterteilen in das *Alltagsbewusstsein* oder mittlere *Tageswachbewusstsein* und in das *Ausseralltagsbewusstsein*. Im Ausseralltagsbewusstsein werden nicht nur exzeptionelle Zustände von Trance, Ekstase oder Enstase erlebt, sondern es sind in diesem Bereich diskrete fluktuierende Bewusstseinsveränderungen viel bedeutsamer, als man es lange Zeit angenommen hat (discrete states of mind i.S.v. Tart 1975). Für bestimmte Betrachtungsweisen ist es sinnvoll, das Ausseralltagsbewusstsein noch zu unterteilen in ein *Unterbewusstsein* und in ein *Überbewusstsein*. Das Alltags-Bewusstsein vermittelt die common-sense-Realität (ordinary reality, Castañeda), das Ausseralltags-Bewusstsein die „Anderwelt" (non-ordinary-reality), das Schlaf-Bewusstsein die Traumwelt. In den Übergängen vom Wach-Bewusstsein zum Schlaf-Bewusstsein (Einschlaf-Bewusstsein = hypnagoges Bewusstsein) und von dem zum Aufwach-Bewusstsein (hypnopompes Bewusstsein) gehen verschiedene Bewusstseinsebenen, Wachheits-, Klarheits-, Umfangsbereiche und korrespondierende „Erfahrungen" und „Erinnerungen" fluktuierend ineinander über und schaffen (bilden) die vielfältige private, non-intersubjektive „Anderwelt". In der Entwick-

lung des Über-Bewusstsein werden diese „Wolken-Schichten" durchschritten in Richtung auf die Ergriffenheit von der Erfahrung eines Über- und Umgreifenden, gestaltet-personal oder ungestaltet .
Die Auslöser besonderer Wachbewusstseinszustände sind so zu ordnen (s. dazu auch Dittrich 1996)

Induktion besonderer Wachbewusstseinszustände	
Physiologisch:	Hunger, Fasten Kälte, Hitze Überatmung Joggen, Bergsteigen, Tauchen
Psychopharmakologisch:	so genannte Halluzinogene, Psycholytika Psychedelika
Psychisch/ Wahrnehmung:	Starke Veränderung des Reizzustromes Verringerung/Vermehrung (quantitativ) Abschwächung/Verstärkung (intensitativ) Eintönigkeit/Vielfältigkeit Rhythmizität/Variabilität Biofeedback
Psychisch/Gefühle:	Provokation starker Gefühle negativer Art (Angst, Schmerz, Verlassenheit) positiver Art (Geborgenheit, Friede, Glück, Stille, Schönheit, Selbstwertgefühle, Erwähltheit, Gnade, Kraftfluss)
Psychisch/Wachheit:	Einschlaf-, Aufwachstadien Schlafentzug, Übermüdung Überwachheit Dissoziierte Wachheit (Aktivierung bei Müdigkeit)
Psycho-mental:	Meditation Autogenes Training Hypnose
Psychosozial:	Alleinsein, Rückzug (retreat), Isolation Gruppenerlebnis

Transpersonale Erfahrungen

Grof (1978, 178/9) hat in seiner „Topographie des Unbewussten" einen Katalog transpersonaler Erfahrungen zusammengestellt. Darin finden sich Veränderungen von Raum und Zeit im Sinne der Ausdehnung sowohl wie der Verengung, weiter so genannte mediale und parapsychologische Erfahrungen. Nur was dort in Abschnitt II zuletzt genannt ist, das „Bewusstsein des universalen Geistes" und die Erfahrung der „supra-kosmischen und meta-kosmischen Leere", wird meines Erachtens sinnvoll der Überbewusstseinserfahrung zugeordnet (die Worte supra- und metakosmisch sind unpassend, da Kosmos die Idee des Alls bezeichnet und Überbewusstsein nicht ein „Darüber" und „Jenseits"[17] konstruiert). Die Kenntnis solcher Erfahrungen, welche im Zusammenhang mit veränderten Wachbewusstseinszuständen auftauchen und in der psychedelischen holonomen Therapie von Grof (1987) vorkommen können, ist für den Berater von Menschen mit besonderen Bewusstseinserfahrungen, gar in Krisen auf diesem Wege, wichtig. Der Psychiater sollte solche Erfahrungen nicht vorzeitig pathologisieren. „Himmel" und „Hölle" und zahlreiche Truggestalten des Zwischenbereiches sind dem Volksglauben vieler Religionen „mentale Stützen". Sie kultivieren deshalb die Bilderwelt der „altered states of consciousness" (Bourguignon 1973). Das meiste davon ist – aus Perspektive der spirituellen Entwicklung – nebelhaftes Blendwerk (japanisch makyô, indisch Truggebilde der Mâyâ, christlich Teufelsverführungen), welches vom rechten, klaren, einfachen, schlichten Weg nüchterner und gleichzeitig begeisterter „Wirklichkeitsschau" ablenkt. Wer an solchen Erfahrungen – gar im Sinne der Selbsterhöhung – hängen bleibt oder daraus sein Heil erwartet, täuscht sich selbst und bleibt in dem selbstgestrickten Netz der Truggebilde hängen. „Non-attachment" ist die Parole dagegen!

---

17 Zum Jenseits s. Braun 1996.

Transpersonale Erfahrungen

I. Erweiterung des Erfahrungsbereichs innerhalb des Rahmens der „objektiven Realität"

A. *Zeitliche Bewusstseinserweiterung*

Embryonale und fötale Erfahrungen
Ahnen-Erfahrungen
Kollektive und rassische Erfahrungen
Phylogenetische (evolutionäre) Erfahrungen
Erfahrungen einer früheren Inkarnation
Präkognition, Hellsehen, Hellhören und „Zeitreisen"

B. *Räumliche Bewusstseinserweiterung*

Ich-Transzendenz in zwischenmenschlichen Beziehungen und die Erfahrung der dualen Einheit
Identifikation mit anderen Personen
Gruppenidentifikation und Gruppenbewusstsein
Identifikation mit Tieren
Identifikation mit Pflanzen
Einssein mit dem Leben und mit der gesamten Schöpfung
Bewusstsein anorganischer Materie
Planetarisches Bewusstsein
Extraplanetarisches Bewusstsein
Out-of-Body-Experiences, exkurrierendes Hellsehen und Hellhören, „Raumreisen" und Telepathie

C. *Räumliche Verengung des Bewusstseins*

Organ-, Gewebe- und Zellen-Bewusstsein

II. Erweiterung des Erfahrungsbereichs über den Rahmen der „objektiven Realität" hinaus

Spiritistische und mediale Erfahrungen
Erfahrungen der Begegnung mit übermenschlichen spirituellen Wesenheiten
Erfahrungen anderer Universa und Begegnungen mit ihren Bewohnern
Archetypische Erfahrungen und komplexe mythologische Erlebnisabfolgen
Erfahrungen der Begegnung mit Gottheiten verschiedener Art
Intuitives Verstehen universaler Symbole
Aktivierung der Chakras und Erweckung der „Schlangenmacht" (Kundalini)
Bewusstsein des universalen Geistes
die suprakosmische und metakosmische Leere

Das Überbewusstsein und der Weg der Befreiung

Was bedeutet für den Menschen die Entwicklung und Entfaltung des Überbewusstseins, das Vorankommen in einen Überbewusstseinsbereich? Schon eine Ahnung von diesem Bereich wirkt befreiend: vom Ich, von der Gebundenheit an die Person, von den Bedingungen und Kategorien, welche dort Geltung haben. Die Entwicklung des Überbewusstseins bedeutet eine Ahnung vom Aufgehobensein in einem überindividuellen Geschehen, bedeutet ein Hinauswachsen über die im Alltagsbewusstsein gegebenen Anhaftungen und das darin begründete Leid (die buddhistische Lehre). In der Entfaltung des Überbewusstseins wird der Mensch frei (Liberation, Salvation, Erlösung). Das Überbewusstsein ist natürlich nicht ein Ort, sondern es ist ein Stand der Bewusstseinsentwicklung, etwas was sich ereignet und sich wieder entziehen kann, was nicht handhabbar ist. Das Wünschenswerte ist nicht ein Austritt aus dem Tageswachbewusstsein in das Überbewusstsein, sondern die allmähliche Ausdehnung des Bewusstseins mit der Integration immer weiterer Bewusstseinsbereiche. Man spricht dann von holistischem Bewusstsein. Die Entfaltung eines solchen grösseren Bewusstseinshorizontes heisst im Bild: den Blick auf die Spitze des Berges gerichtet zu halten. Es heisst, sich öffnen für neue Horizonte, neue Massstäbe, neue, das Bisherige relativierende Perspektiven. Es heisst, den Blick auf die Ganzheit des Einen gerichtet zu haben: Ganzsein im Sinne von Vollständigsein, Einssein mit dem Einen (temporäre Absorption).

Ich-Entwicklung

Das elementare Ich entwickelt sich in der sozialen Interaktion aus frühen Keimen (Proto-Ego) als Selbst-Bewusstsein im gesamten Lebenslauf – und hält trotz mancher Wandlungen doch bis zum terminalen Abbau im Tod durch. Die Ich-Entwicklung von der Kindheit über die Jugend und Adoleszenz zum Erwachsenenalter bedeutet eine ständige Wandlung in zweierlei Hinsicht.

Einerseits differenziert sich das Selbst-Bewusstsein, das Ich wird seiner selbst deutlicher bewusst, selbst-reflexiv gewahr in seiner Identität (mit u.U. sehr vielen verschiedenen Charakteristika), Echtheit (Authentizität), Abgestimmtheit verschiedener Strebungen, Werte, Perspektiven (Integration), Stärke, Standfestigkeit, Grenzen und Bezogenheit auf die „Umwelt" als Mitwelt. Da finden grosse Wandlungen statt: Das Gewicht, das die Persönlichkeit ihrem Ich zuschreibt, die Wichtigkeit des Ich vs. Ich-Relativierung, Akzeptanz vs. Ablehnung, Bewahrung vs. Selbstpreisgabe in Verletzung, Unterwerfung, dann die Positionierung des Ich im sozialen System, in der Kultur, in „der Welt im Ganzen", im Kosmos des Bewusstseins vom egoverhafteten Subjektzentrismus (narzisstische und egozentrische Position) zum transpersonalen, integralen (Gebser 1975) Bewusstsein, das sich auf das Umgreifende (Jaspers 1932), auf das All-Eine bezieht, sich als teilhaftig am übergreifenden All-Einen erfährt, an der Gottheit, dem Brahman-Maha-Atman, der Shunyata, dem Nirvana, der Buddhanatur aller Dinge, dem Tao.

Das Ich rückt aus der Ich-Bezogenheit (Narzissmus, Egoismus), Ich-Mittelpunkt-Ständigkeit (Egozentrizität) in eine selbst-relativierende Einordnung in einen ich-überschreitenden Gesamtzusammenhang (das Ganze, All-Eine, Holon)[18,19].

Eine solche Skizze der Horizonte der Ich-Entfaltung lässt die Dimensionen möglicher Entwicklung ahnen, die Spannweite der Bewusstseinsentwicklung.

So spiegeln auch verbale Fassungen das Ich in vielen Aspekten, ohne es ganz zu fassen. An einem Pol wird das Ich mit Selbst und unsterblicher Seele, Geist gleichgesetzt – am anderen wird das Ich/Selbst zum temporären Funktionskomplex deklariert, zu einem Bündel von Funktionen oder gar zur mayahaften Illusion, die das

---

18 Eben ist das Buch „Egozentrizität und Mystik" (2003) von Ernst Tugendhat erschienen, in welchem er von der vollständigen Selbstrelativierung des Mystikers angesichts des Universums spricht, ein Pol eines dimensionalen Kontinuums mit dem anderen Pol partieller Selbstrelativierung (im sozialen Leben, in der Liebe, im Altruismus).

19 Thomas Merton (Lieben und Leben 1988, Einsiedeln, Benziger, S. 16): „Das Selbst, das nicht länger in ein Ego gekleidet ist". Das Ich wird aber gebraucht als Vehikel durch das Leben, als „Schutzkleidung".

Unwissen (sanskrit avidya), die Unerleuchtetheit und das Gefangensein in der duhkha-Welt (leidvoll, unvollständig, unerlöst) der Erscheinungen (samskara) anzeigt. In der Perspektive auf das Nirwana erscheint das Ich als Nichts – identisch mit dem für das menschliche „Sehvermögen" ungestalteten („leeren") urhervorbringenden Urgrund, Ursprung und Heimatziel.

Darum kann ein Clown Ich-Selbst-Sein-Nichts narrenhaft (d.h. mit Tiefsinn im Blödeln) paraphrasieren:

Ich – Sein – Nichts

Das Ich, –
was soll das Ich bloss sein?
Das Ich – ich sag' es Ihnen :
ist das Sein.

Dass jedes Ich je dann und wann
gerade zu sich selber sagen kann:
Ich bin ich – und dass es weiss:
das macht mich heiss,
und: das tut mir weh –
und dass ich hier steh –
das bringt mich auf die Palme,
dass Zornesrauch entqualme,
dass ich aber auch einmal
entrinne aller Erden-Qual –
das macht mich triumphieren,
zum Himmel jubilieren.

Ich tauche ins Nirwana –
das liegt nicht in Botswana.

Nirwana ist das Nichts.
Doch da ist ein Geheimnis –
des sollt' man sein gewiss:
Das Nichts ist niemals Nichts.
Das Nichts ist selbst das Sein –
drin geht das Ich hinein.

Drum ist das Ich das Sein,
das Sein das Nichts,
das Nichts das Sein.
Draus folgt für logisches Denken
ohn' alles seitwärts-schwenken:
Das Ich ist Nichts und ist das Sein,
das Nichts ist Ich und auch das Sein.
Da liegt nun bloss die Frage
für diese schwere Sage:
Das Ich ist Nichts und Sein zugleich.
Da sind wir nun bei Lao
mit seiner Lehr' vom Tao.

Aus der Vielfalt von Aspekten auf das Ich stammen so verschiedene Formulierungen wie die Nietzsches, der die Lebenslast als unablegbar erlebt:

Du suchtest die schwerste Last:
da fandest du dich –
du wirfst dich nicht ab von dir

F. Nietzsche 1888
Dionysos Dithyramben, Zwischen Raubvögeln

oder wie dieser Zen-Spruch, der die buddhistische Shunyata-Lehre anspricht, die Lehre von der grossen Leere, die gleichzeitig Fülle bedeutet (leere Fülle, volle Leere).

Who are you?
That nothing is me.

Zen

Die Ich-Verhaftung ruft nach Befreiung – in radikaler Form in der buddhistischen anatta-Lehre[20] (es gebe kein substantielles Selbst; ohne das Ich als Instrument der Weltbewältigung und auch der Bemühung um Erlösung zu leugnen), in den Upanishaden in dem Be-

---

20 s. Oetke 1988

wusstseinserwachen zur Einsicht in die, ja Ergriffenheit von der letzten Identität von Atman (als individuell inkarniertem göttlichen transpersonalem Selbst) und Maha-Atman (dem Brahman, als nirguna-Brahman jenseits aller Gestaltungen, als Absolutes, All-Eines) – oder in bescheidener Form als progrediente Ich-Relativierung. Diese kann als Befreiung (Liberation, Salvation) lebensbereicherndes Entwicklungsziel sein.

> *Der wahre Wert eines Menschen ist in erster Linie dadurch bestimmt, in welchem Grad und in welchem Sinn er zur Befreiung vom Ich gelangt ist.*
>
> *Albert Einstein*

Die Ich-Entwicklung geschieht auf dem Wege des Lebens im Annehmen jeder Lebenserfahrung, die der homo viator, peregrinus antrifft, und im Loslassen (detachment, non-attachment, viragya). Sie kann spontan geschehen oder in einer intendierten Geisteskultur (Meditation, Ritual, Lebenspraxis) angestrebt werden.

Solche Ich-Entwicklung geschieht in der Lebenserfahrung. Jedes Ereignis trägt zur Lebenserfahrung bei: die guten, schönen bestärken, ermutigen, die schmerzlichen reinigen, läutern (s. via purgativa).

Das All-Eine – Ursprung und Heimat

Die Grosse Erfahrung (Zen) bedeutet eine Ahnung von, Berührung mit dem All-Einen, aus dem alle Wesen kommen, in das alle Wesen eingebettet sind, in das alle Wesen beim Tod wieder eingehen.

Darum gilt: Der Mensch, Pilger, ist immer auf dem Heim-Weg. Woher kommst du? Von dorther, dem unerfassbaren Ursprung, auf den hin wir alle unterwegs sind. Wohin gehst du? Dorthin, woher wir alle kommen.

> *Wir kamen, wohin wir gehen.*
> *Wir gehen, woher wir kamen.*

Plotin sprach dieses temporäre Hervorgehen des Einzelnen aus dem allgemeinsamen Einen aus:

> *Dort nämlich ist unser Vaterland,*
> *von wo wir gekommen sind.*

Enneaden I 6, VI 9

Ich-Wandlung vom Egozentrismus zum Kosmozentrismus

Die Grosse Erfahrung – sie ist jenseits der Sprache (Schweigen, Handeln ohne Tun) – ergreift und verwandelt und ordnet das Ich ein (Ich-Relativierung vom Egozentrismus zum Kosmozentrismus). Diese Ich-Freiheit (Gebser) gelingt eher bei einem starken, autonomen, beständigen Ich.

In einem einfachen Schema kann die Ich-Entwicklung skizziert werden:

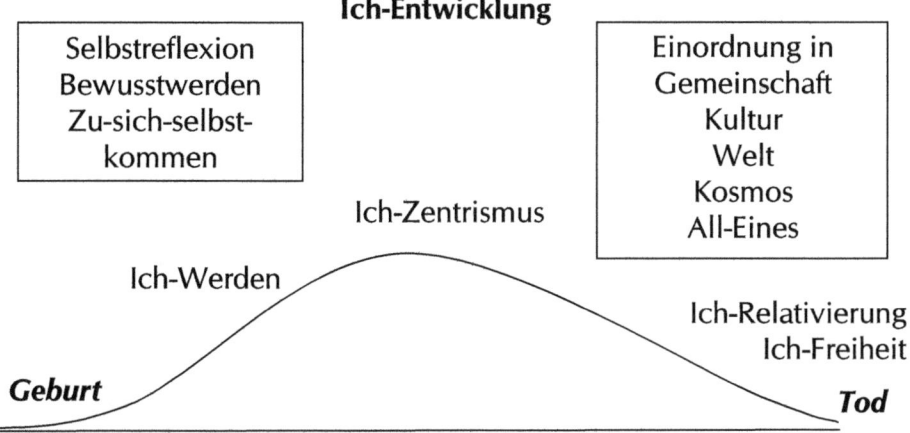

In der bildreichen Sprache des Buddha heisst der Weg dieser Bewusstseins-entwicklung „Der Weg ans andere Ufer", die Lehre und spirituelle Praxis wird im Floss zum Übersetzten des Flusses bildlich gefasst, der Mensch, der mit den Übungen beginnt, als Stromeintreter bezeichnet.

Der Weg ans andere Ufer ist eine Wandlung des Bewusstseins

vom	zum
Getrenntsein	Einssein, Alleinheit
Ausgesetztsein	Geborgensein, Aufgehobensein
Gebundensein	Befreiung (moksha)
Leid (duhkha)	Freude (ananda)
Phänomenale Welt der Gestaltungen (samskara)	Shunyata (Leere)
Karmische Welt von Zeit/Raum/Kausalität	Brahma (Nirguna-brahma)
Kreislauf der Existenz (samsara)	Nirwana
Unwissenheit/Illusion (Avidya-maya)	Vidya, bodhi, Erwachen, Erleuchtung
Dualistische Sicht	non-dualistische Sicht, Advaita
Helfer/Vermittler: Heiler	Wegweiser: Heilige

Ich-Relativierung, nicht Ich-Tod

Ich-Relativierung heisst das eigene unabwerfbare und unentbehrliche Ich in eine individuumsübergreifende Perspektive einordnen, also andere Proportionen herstellen: Das Ich rückt aus der Mittelpunktständigkeit (das Ich als Weltmitte im Egozentrismus) in eine Ausrichtung auf das person-, ich-übergreifende Eine. Dabei kann das Ich als Funktionskomplex zur Bewältigung der Alltagsrealität in der Zielorientierung auf das Eine stärker, markanter, einheitlicher werden. Überwunden wird der Narzissmus (sich in sich selbst spiegeln, Selbstverliebtheit, -fixation, Grössenselbst und Verletzlichkeit, Unreife mit kindlichen Wünschen), überschritten wird der Egoismus (die Welt bin ich, die Welt gehört mir, Rücksichtslosigkeit) und der Egozentrismus (ich bin der Mittelpunkt der Welt, das Wichtigste darin, die Welt soll sich nach meinen Wünschen richten). Die nächsten

Schritte des Reifeprozesses sind dann das Loslassen von der Zentrierung der Welt auf das Ich, d.h. das Indienstnehmen der „Welt" für Ziele des Ich. Der Kern der Person ist nicht mehr so eng identifiziert mit dem Ich: der Weg zum „Überselbst" wird frei. Das Ich steht der Selbstentwicklung nicht mehr im Wege.

In der ekstatisch-hyperbolischen mystischen Lyrik und in der populären Literatur wird oft leichtfertig in poetischer Überhöhung vom „Ich-Tod" gesprochen. Dagegen gilt der oben zitierte Spruch von Nietzsche, dass man sein Ich nicht leicht abwerfe.

Einstein sprach von der „Befreiung vom Ich" (s.o.). Jean Gebser (1975) kam in zahlreichen Schriften immer wieder auf diese Ich-Relativierung (er nannte sie Ich-Freiheit, d.h. Freiheit von egoistisch-egozentrischer Verhaftung) zu sprechen. Er betonte, dass das Teilhaben, Teilhaftigsein am Weltganzen für die Entwicklung des „integralen" Bewusstseins wesentlich sei.

Dazu die folgenden Stellen von Jean Gebser:

Nur die Überwindung des Ich, die eine Überwindung sowohl der Ich-losigkeit als auch der Ich-haftigkeit ist, stellt ... in die Ichfreiheit, die das Achronon [d.i. das Zeitlose] und das Diaphainon [d.i. das Durchscheinende] zu wahren vermag. Ichfreiheit ist Freisein vom Ich, ist nicht Ich-Verlust oder -Verzicht.

Wem es im Alltag gelingt, das Ganze über sein Ich zu stellen, ... dem wird die Welt ... durchsichtig.

Ursprung und Gegenwart, Ges. W. 3, 677

Diese Selbsterfahrung jedoch ist in ihrer beglückendsten Form nichts weniger als die bewusste und verantwortete Teilhabe am Weltganzen (385)...

Jene Teilhabe am Weltganzen ist kein Zustand ... nicht einmal ein Sein, denn sie schliesst auch das so genannte Nichtsein (Ich-Tod) in sich. (387)

Jean Gebser, Über die Erfahrung. Ges.W.6

Der Ausdruck Ich-Relativierung ist weniger verführerisch, den Adepten auf dem Weg zur Illusion zu verführen, er habe sein Ich überwunden, sich vom Ich befreit, es abgeworfen, er habe den Ich-Tod erreicht. Das wäre eine Gefährdung für den spirituellen Ego-trip, die Grandiosität, der der Absturz (wie Ikarus) folgte. In dieser Verführung liegt eine der Fallen für Krisen auf dem spirituellen Weg. Der Weg ist nicht einfach zu gehen, er erfordert Ausdauer, Durchhaltevermögen, „Einspitzigkeit des Geistes" zur Zielerreichung, Bescheidenheit und Selbstrelativierung, Demut.

Wir brauchen ein stabiles Ich für die Fahrt des Lebens

Zerbrechlich-fragile Ichs, labile Ich-Konstitutionen sind gefährdet für Zusammenbrüche, Konflikte, Krisen, deren schwerste die Ich-Desintegration ist.

Darum mahnte Jack Engler

Man muss zuerst jemand [d.h. ein Ich] sein,
ehe man niemand werden kann.

Jack Engler in Wilber, Engler, Brown 1988, 64

Noch gewichtigere Mahnung vor der Illusion, das Ich zu überschreiten, sich seiner entledigen, es sterben lassen zu können, kommt von ernsthaft ich-kranken Menschen, die wie Monique sehr wohl wissen, was Pathologie des Ich bis zum Verlust des Ich-Bewusstseins bedeutet und wie sehr das Ich als Instrument der Weltbewältigung gebraucht wird.

Mir fehlt das selbstverständliche Ich. Ich bin kein Ich mehr.
Aber um in dieser Welt zu leben, braucht man ein Ich.

Monique

IV. Gefahren und Krisen auf dem Weg

Der Weg ist weit vom unvollständigen, unechten, ungenügend integrierten, gar gespaltenen Selbst zum echten, „wahren" persönlichen Selbst (true self, Winnicott 1965) und von diesem zum personüberschreitenden, allgemeinsamen Einen (Atman, transpersonales Selbst), vom Werden zum Entwerden, vom Ich zum Selbst zum Ohne Selbst-sein.

Der spirituelle Weg im Alltag

Der Lebensweg jedes Menschen ist ein Wandlungsweg. Caminando nos cambiamos (unterwegs auf dem Lebensweg wandeln wir uns), sagt ein spanisches Sprichwort.

Dabei können vielfältige Möglichkeiten, Eigenschaften, Charakteristika, Perspektiven, Wertorientierungen, vor allem aber die Wertorientierung sich selbst gegenüber (Selbstwert, -einschätzung, Selbstpositionierung in der Mitwelt, im Kosmos, Zielorientierung) und den angetroffenen „Gegenständen" gegenüber (als utilitaristisch auszubeuten zur eigenen Lust, Macht, narzisstischer Selbsterhöhung oder als in seinem eigenen Selbstsein respektiert) in verschiedenen Lebenskonstellationen und Entwicklungsabschnitten im Erleben und Verhalten manifest werden. Dabei hält zwischen dem Erwachen des Ich-Bewusstseins in der Kindheit und dem Erlöschen von Bewusstheit überhaupt mit dem Ich-Bewusstsein doch eine Grundsicherheit des „Ich bin ich selbst", eine Ich-Identität durch, trotz allen Veränderungen in morphologisch-physiognomischer und charakterlicher Hinsicht. Das Persönlichkeits-Selbstbewusstsein, „das alles bin ich", „das sind meine Möglichkeiten", kann weit und flexibel sein, gerade da, wo eine Grundgewissheit des echten, authentischen, wertvollen und schützenswerten Selbstseins als kostbares Lebenspotential gegeben ist, nicht nur da, wo ein falsches oder leeres Selbst sich in eine wechselvolle Leihidentität kleidet.

Der Mensch, besonders der zur wachen Reflexion über sich und die Welt erwachte, aber viele auch in dunklem Drang des Suchens („um fortzugehen, warum? aus Drang, aus Ahnung, aus Unverständlichkeit und Unverstand", R. M. Rilke, Der Auszug des verlorenen Sohnes), ist seit alters her als Wanderer, als Pilger, als peregrinus, als homo viator gesehen.

Auf dem Wege, ob er sich nun spontan entfaltet oder intentioniert gesucht wird, gibt es ein Auf und Ab von Fortschritt, Stillstand, gar Rückschritt. Dabei bedrängen die Anfechtungen von Verzagen, Zweifel, Erschöpfung, Resignation.

Fortschritte oder scheinbare, tief ersehnte, weil bestätigende, Fortschrittszeichen wie Leiberlebnisse nach Art von Chakraregungen und Kundalini-Strömen, Visionen, Visualisierungen, Licht- und Wärmesensationen, Schweben in Schwerelosigkeit, Auditionen, gar Stimmen des Zuspruchs können das Ich in die Grandiosität heben – spiritueller Egotrip. Die narzisstische Inflation ist besonders verführerisch, wo sich ein Mensch als Lehrer, Führer, Guru anbietet und die Veneration von Seiten der Adepten und die demagogische Macht geniesst und ausnützt (in mannigfachem Missbrauch von SchülerInnen).

Der Lebensweg bringt eine Fülle von Er-fahrungen (d.i. das, was auf der Fahrt des Lebens angetroffen wird), schöne und schreckliche, gute und böse, stärkende und schwächende, ermutigende und verzagen-machende, erschöpfende, einsame und begleitete, lichte und dunkle.

Auf dem spirituellen Weg geht es um die grundsätzliche Ausrichtung der Selbstpositionierung und damit der Bewertung von (internen und externen) Ereignissen in der wegleitenden Blickrichtung auf das individuumsüberschreitende (transpersonale), einbettende, hervorbringende und zurücknehmende All-Eine. Daraus wird das Mass gewonnen, das die Proportionen vom Ego im unendlichen Kosmos in Relation setzt. Das meinte der Weise vom Tewa-Volk (den Halifax 1981 zitiert):

Was auch immer im Leben geschieht –
halte den Blick auf den Gipfel des Berges.

Es kommt nicht darauf an, ob und wie viele, wie karge oder reiche Herbergen, Tempel, Kirchen einen Wanderer aufnehmen, wie viele beglückende Erlebnisse des Eintauchens in den Ozean des All-Einen, des Verschmelzens (Mystik als Alleinheitserleben, unio mystica) mit ihm, der Erleuchtung oder Erhebung dem Pilger zuteil werden. Der Weg des spirituell Orientierten muss nicht mit mystischen Erlebnissen angereichert sein, nicht mit rauschhaften Glücksekstasen, Visionen, Auditionen, gar Sidhis (übernatürlichen, magischen, parapsychologischen, okkultistischen Befähigungen). Der zur Selbstbescheidenheit entwickelte Mensch auf dem spirituellen Weg wird auf Selbstdarstellung verzichten:

Der Heilige trägt sein Juwel in härenem Gewand.

Lao tse, Tao te King, 70

Und er wird auf demagogische Rhetorik und Missionieren verzichten, schon gar auf die Verkündigung hermetisch-esoterischer kosmologischer Gesamtschau, auf Fundamentalismus und orthodoxe Rechthaberei. Aber er wird sich Anfragen zur Verfügung halten (z.B. Ramana Maharshi).

Nyanaponika, der schlichte Buddha-Jünger in Ceylon, drückte seine Haltung so aus:

Wenn Sie ihr Weg zu mir führt, will ich Ihnen gerne von
meinen Erfahrungen erzählen – aber es ist Ihre Sache, was
Sie daraus machen.

Es ist das schlichte Wirken, Verwirklichen des eigenen Lebenspotentials im Alltag, auf das es ankommt.

Tu ein verlässliches Tagwerk

Rilke, 3. Duineser Elegie

Darum im Zen: Geh und sammle Brennholz, Falllaub, pflege den Garten – keine grossen Höhenflüge beglückender visionärer Begegnungen:

> *Triffst du Buddha unterwegs, schlag ihn tot.*
>
> Mumonkan, zit. in Kopp, 157

Warum: weil die Erscheinung als Hervorbringung des Bewusstseins, als Gestaltung des eigenen „Geistes" zu durchschauen ist, an der nicht haften zu bleiben ist – in der Ausrichtung auf die alleine Buddhanatur.

Aus der rechten Orientierung kommt das rechte Tun, wie Lao tse und Tschuang tse lehrten:

> *Halte dich an das Tao, so wird sich das Leben im Einklang mit den Mitwesen vollziehen.*
>
> Lao tse, Tschuang tse

Im Christentum finden wir diese Gedanken bei Augustinus:

> *Liebe Gott und tue, was du willst.*
>
> Briefe an Johannis in Parthos 7,8

Aus der Einstellung, Haltung, Ausrichtung ergibt sich das rechte Handeln, ob in der karitativen Tüchtigkeit von Mutter Theresa oder in der didaktischen Elaboration von Stadien der mystischen Entwicklung bei Johannes vom Kreuz oder in der Kreation von Religio-Philosophemen wie in den Upanishaden.

Das Gleichnis der Bergwanderung

Der Lebensweg des Menschen kann im Gleichnis einer (mehr oder weniger langen und schwierigen) Wanderung vergegenwärtigt werden. Viele gehen den gebahnten Weg (der Normen ihrer Gesellschaft), andere suchen eigene Pfade, folgen den Spuren vorangegangener Wanderer oder nur ihrem inneren Kompass, der sie ihren Weg auf ein zwar starkes, aber nicht fassbares Ziel suchen lässt.

Caminante, no hay camino, se hace camino al andar
(Wanderer, es gibt keinen gebahnten Weg, man schafft sich
die Pfade im Vorwärts-gehen, Antonio Machado).

Im Gleichnis einer Bergwanderung bieten sich viele Bilder kritischer, d.h. potentiell gefährlicher Abschnitte und/oder Ereignisse an: kritische Lebensabschnitte von Unsicherheit, Ratlosigkeit, Bangigkeit, Zweifeln an sich selbst, den eigenen Kräften, dem Ziel, seiner (werthaften) Eindeutigkeit, seiner Erreichbarkeit.

Wegverzweigung:
> Wo geht es weiter? Wofür soll man sich entscheiden? Welches ist die richtige Richtung? Welcher Weg ist ein Abweg?

Gratwanderung:
- Werde ich auf dem schmalen Pfad vorankommen?
- Werde ich die Füsse sicher am Boden halten können? Gleite ich aus, stürze ich ab? Drückt, drängt mich der Sturm der Lebensereignisse (innere, äussere) weg? Kann ich das Gleichgewicht halten?

Bergwanderung im Nebel:
- Werde ich die Richtung einhalten können oder mich verirren?
- Gehe ich voran oder im Kreise?
- Werde ich die Gefahren des Abgrundes, des Ausgleitens, des Fallens, der Stein- und Schneelawinen erkennen und bestehen?

Erschöpfung, Hunger, Durst auf der Berg- oder Wüstenwanderung:
- Wird meine Kraft reichen?
- Werde ich Wasser, Lebenswasser, Nahrung, Raststätte finden?

Einsamkeit:
- Gibt mir niemand Geleit, Führung, Schutz, Herberge?
- Ermutigt, ermuntert, tröstet mich niemand? Werde ich ganz allein durchkommen?

Stromschnellen im Fluss:
- Wird mein Boot durchkommen, kentern?
- Wird mich der reissende Strom, der Wasserfall in die Tiefe ziehen?
- Werde ich ertrinken, zerschmettert?

Moor, Sümpfe mit gefährlichen Untiefen und Tieren:
- Werde ich in die Tiefe gezogen?
- Werde ich von Tieren, Geistern, Dämonen bedroht?
- Kann ich Überblick und Kontrolle behalten (vgl. Das Bardo-tödal, das tibetische Buch vom Sterben: Erkenne die Gestalten als Hervorbringung deines Bewusstseins – und sei frei).

Brücke:
- Wird die Brücke die Last meiner Existenz tragen oder darunter brechen?
- Werde ich durchkommen ans andere Ufer, zum Heil?

Der Anstoss zum Aufbruch

Der Anstoss, manchmal der Ruf zum Aufbruch kann jedes tief bewegende, besonders erschütternde Erlebnis sein: Unfall, Unglück, Abbruch der bisherigen Sicherheit in sich und in der Geborgenheit der Mitwelt, Krankheit (körperlich, psychisch), Verlust von wichtigen Menschen. Auch Träume und tief bewegende Erlebnisse oder Begegnungen (Liebe, Geburt, Sterben, Elend, s. die Legende von der Wandlung des Sidharta Gautama zum Buddha) können die Initiation einleiten.

Schon der Ruf zum Aufbruch auf den Weg kann schmerzliches Loslassen befehlen: vom Gewohnten, Vertrauten, scheinbar Sicheren und Bergenden des bisherigen Gehäuses.

In der Zeit des Aufbruchs kann eine beträchtliche emotionale Turbulenz herrschen: Niedergeschlagenheit, Verzweiflung mit Todessehnsucht, Gottverlassenheit, Erschöpfung, Zweifel, Unruhe, Rastlosigkeit, Zerstreutheit. Die Verunsicherung des Selbstseins kann bis zur

Desintegrationsangst (Ich-Verlust, Grenzauflösung, Destrukturierung, Identitätsunsicherheit u.ä.) führen. Aber auch die Gegenbewegung kann erschüttern: das Gefühl von Hochgehobensein, Hochgerissenwerden, den Boden unter den Füssen verlieren, Selbstzuschreibung besonderer (übernatürlicher) Befähigung.

Krisen

Krise bedeutet eine Form von Stockung, Steckenbleiben, vom Herumwirbeln statt weiter Fliessen. „Es geht nicht weiter, es geht nicht gut". Der Mensch in der Krise ist in Nöten: Ihm ist bange zumute, er sieht nicht klar und weiter, er hat Angst, ist wie orientierungslosbenommen (engl. bewilderment).

Das Erscheinungsbild initiatischer sowohl wie späterer Krisen auf dem spirituellen Weg ist nicht ausschliesslich kennzeichnend (nicht spezifisch). Solche Phänomene gibt es in- und ausserhalb des spirituellen Weges! Psychopathologisch zu beurteilende Manifestationen von Krisen erfordern eine sorgfältige Untersuchung der Inhalte, des Anlasses und des Ausmasses der Störung und ihrer Form (Gestalt, psychopathologisches Syndrom).

Jede Krise enthält eine Möglichkeit der Veränderung, der *Wandlung*:

Zum Positiven: alte Muster, starre Schematas aufgeben, Verbesserung der Selbsterkenntnis, Selbstbescheidung, Verminderung der Selbstbezogenheit, Öffnung auf ein Grösseres als das Ich.

Zum Negativen: Zurückfallen auf kindliche Entwicklungsstufen, Steckenbleiben in Gefühlen von Bedrückung, Ohnmacht, Hilflosigkeit, Auflösung, Fremdsteuerung der eigenen Person.

Jede Krise enthält die Möglichkeiten von Scheitern oder Vorankommen, von Fallen oder Fortschreiten, von Stehenbleiben oder Wandeln, von Erstarren, Stillstehen oder Weiterentwickeln. Jede Krise enthält also ein transformatives Potential zum Wachstum, aber auch die Gefahr des Versagens, des „Umfallens", der Krankheit.

Viele Lebenssituationen enthalten ein Krisenpotential in diesem Sinn, sowohl körperliche als auch psychische Krankheiten. Viele „Symptome" von Krankheiten sind als Ausdruck von Selbstheilungsbemühungen des Organismus zu verstehen (z.B. Fieber, Erbrechen, Durchfall. Ähnliche Deutungen gibt es auch im psychiatrischen Bereich). Psychopathologien sollten auch darauf hin befragt werden, welche Ausweichstrategien, Flucht- und Selbstrettungsversuche sich da zeigen. Manche Wahnformen können als selbstgeschaffene Eigenwelten verständlich werden. (s. Scharfetter 1995, 2000, 2002). Eine gut bewältigte Krankheitskrise kann zu einer Wandlung, zu Besserung, Fortschritt in der Entwicklung führen, zur besseren Abstimmung mit den eigenen Möglichkeiten (auch Begrenztheiten). Auch eine psychische Krankheit kann eine Folge des Versagens, des Scheiterns, des Zusammengedrücktwerdens, des Zerbrechens in einer Krise sein! Und: die Krankheit selbst ist eine Krise: wie jemand mit ihr umgeht, wie er sie austrägt, was er daraus macht, welchen Sinn er ihr gibt, welchen unter Umständen wandlungsfördernden Aufschwung er daraus entnimmt. Das gilt für alle Krisen (profane, existentielle, spirituelle).

Profane, existentielle, religiös-spirituelle Krisen

Der Weg, der Lebensweg, bringt unausweichlich Krisen kleineren oder grösseren Gewichtes: Der Inhalt, das Thema der Krise kann
alltäglich (profan) sein
z.B. die Sorge um den Lebensunterhalt. Die Klärung von Beziehungsverhältnissen. Das Bild von sich selbst vor den anderen.

existentielle Themen betreffen
- Der Wechsel von Entwicklungsabschnitten,
- Vergänglichkeit, Alter, Krankheit, Leiden, Einsamkeit, Tod, Sinn des Lebens, Verantwortung.

religiös-spirituelle Themen beinhalten
Bild von Gott, der Gottheit, Bezogenheit auf ein den Einzelnen unendlich überschreitendes, umschliessendes, erfüllendes, tragendes Eines, Eingeordnetsein, Verbundenheit, Teilhabe an dem All-Einen Sein.

Krisen

Einteilungen

1. Nach Inhalt / Themen

PROFAN	**EXISTENTIELL**	**RELIGIÖS/SPIRITUELL**
Beziehungsbereich	Sinn	Glaube
Selbstwert	Erfüllung	Erlösung
Selbstbild	Duhkha	Bewusstseinsentwicklung
Autonomie	Einsamkeit	Mystik (i.S. des Einheitserlebnisses)
Triebwelt	Alter	
Angst	Krankheit	
beruflich	Endlichkeit	
ökonomisch	Tod	

2. Nach <u>Anlass</u>, Auslöser: profan – existentiell – religiös/spirituell (wie unter 1)
3. Nach <u>Ausmass</u> der Störung / Dysfunktionalität

Übergänge

nicht psychotisch → psychotisch

Die so genannten spirituellen Krisen

„Spirituelle Krisen" – der Ausdruck grenzt diese Krisen von den „nicht-spirituellen", den profanen und existentiellen, ab durch den Bezug zu religiösen, spirituellen (im weiten Sinn doch auch existentiellen) Themen, Inhalten und/oder auslösenden Anlässen ab. Nach den Erscheinungsbildern geht es bei solchen spirituellen Krisen um besondere Bewusstseinsphänomene, Stimmungen, Sensationen, Ich-Zustände u.ä., spontan oder provoziert, welche den Menschen und eventuell auch seine Umgebung verunsichern, beängstigen, hilfsbedürftig machen. Das Wort Krise hat auch hier einen doppelten Sinn: Einerseits bezeichnet es einen risikoträchtigen, notvollen, unter Umständen zum Helfen auffordernden Zustand (emergency), andererseits einen Wendepunkt mit der Möglichkeit positiver Auswirkung (emergence), Wandlung, Wachstum und Entfaltung. Der Ausdruck spirituelle Krise (im Englischen spiritual emergency) erscheint in der neueren transpersonalen Literatur auch unter dem Thema transpersonal crisis, evolutional crisis (schwieriges Stadium in einem natürlichen Entwicklungsprozess), auch als Durchbruchserfahrung, cataclysmic experiences (Boysen 1936), Krise beim spiritual awakening. Das Positive einer Krise kann eine Veränderung von Bestehendem sein, eine Deprogrammierung (depatterning), eine Verbesserung, Festigung, Neuorientierung, Wandlung, der Beginn von Neuem. In diesem Sinne ist z.B. die initiatische Krise als Einleitung für den Aufbruch auf den spirituellen Weg zu verstehen. Positive Veränderungen können das Aufgeben von Altem, Kindlichem, Unaufgeräumtem, von Verhaftungen sein. Negative Wirkungen der Krise sind Verschlechterungen der Fähigkeit zur Lebensbewältigung, Rückfall in alte Verhaltensmuster.

Inhalt, Erlebnisqualität, Erfahrung und Wirkung von so genannten spirituellen Krisen sind sehr verschieden. Solche Krisen können spontan auftreten in Lebenswandlungszeiten, Zeiten der Umstellung, der Neuorientierung, in Wachstumsphasen. Sie können aber auch reaktiv sein in Zeiten der Erschütterung, des Schmerzes, der Angst, des Leidens, der Krankheit. Sie können unabsichtlich induziert sein durch psychedelische Drogen oder andere Auslöser von besonderen

Bewusstseinszuständen. Sie kommen gelegentlich als Störung der Meditation vor. Sie können aber auch absichtlich provoziert sein durch verschiedene pharmakologische und andere Techniken.

Das Erleben in der Krise

Das Erleben in der Krise wird meist von negativen Stimmungen und Gefühlen dominiert.

- Unsicherheit, Ratlosigkeit, Zweifel
- Angst, Bangen
- Bedrückung, Mutlosigkeit, Verzagtheit
- Schwäche, Erschöpfung, lähmende Müdigkeit
- Kränkung, Verletztsein, Enttäuschung; als Reaktion darauf Wut, Ärger
- Scham, Peinlichkeit, Schuldgefühle

Unklarheit, Unentschiedenheit, Unentschlossenheit (Dilemma) zwischen Alternativen, z.T. in Wertkonflikten

ermattetes Sich-fallen-lassen	Sich-aufraffen
Angst und Flucht	Ermutigung
Aufgeben, Selbstaufgabe	Durchhalten
Stehen-, Liegenbleiben	Weitergehen
Nachgeben	Bestehen
Zögern	Vorwärts gehen
Habenwollen, Begehren	Verzichten
Wut, Hass	Liebe, Güte
Strafen	Verzeihen
Haften	Loslassen

Betroffene Bereiche der Person in der Krise

Schwung, Antrieb, Energie
Fehlen – Überschuss – Wechsel

Stimmung
Hoch – Tief – Wechsel

Gefühle

Unsicherheit	Zuversicht
Angst	Mut
Bedrücktheit	Hochgefühl
Wut, Hass	Friede, Güte
Übelwollen	Wohlwollen
Entwertung	Achtung, Wertschätzung
Unmut	Gleichmut

Triebe

Gier	Nicht-Begehren
Getriebenheit	Gelassenheit
Unfreiheit	Freiheit

Wahrnehmung der Umwelt

fremd, in neuer Bedeutung	gewohnt, vertraut

Ich/Selbst/eigene Person

Schwäche	Stärke
Abhängigkeit	Selbständigkeit
Unsicherheit	sicherer Stand
schwankend	beständig
Auflösung, Desintegration	Zusammenhalt, Gerüst, Struktur
Grenzauflösung, Grenzunsicherheit	klare Grenzen
Selbstzweifel	Selbstwert
Selbstentwertung	Selbstachtung

Ich-Relativierung versus Ich-Tod

Was die Erde, die Menschheit braucht, sind ehrliche, echte, selbstbescheidene, verantwortungsbewusste, gütige, friedliche Menschen, nicht „Ent-wordene" (die immer sehr selten bleiben werden). Das Ich wird zum Erdenleben gebraucht, freilich ein aus der Mittelpunktständigkeit gerücktes Ich mit Wirklichkeitssinn (für die ordinary reality) und der Fähigkeit zur selbstrelativierenden Einordnung in individuumsübergreifende Zusammenhänge.

In der spirituellen Entwicklung im radikalen Sinn mancher extremer Richtungen geht es (allenfalls mit Krisen) um eine Wandlung hinaus über das Ich, das individuelle Selbst – es geht um Entwerden (Ich-Tod). Das führt zum gottestrunkenen Ekstatiker, der dem humanum comune entrückt ist und als alienus mente der Gemeinschaft entfremdet.

Position/Stellung in Bezug auf andere

ich-süchtig	selbstbescheiden
selbstherrlich (egoistisch, egozentrisch, narzisstisch)	Rücksicht
	zwischenmenschliches Feingefühl (Takt)
	Bezogenheit auf andere („mit anderen")
	Bezogenheit auf personüberschreitende Bereiche (= transpersonal)

Beziehung

Sehnsucht	Selbständigkeit
Haften, Kleben	Eigenständigkeit
Verschmelzen, Symbiose	echte Dualität

Gerade im Beziehungsbereich zeigen sich manche Wandlungen des Menschen auf seinem Weg. Sie sind in den Zehn Ochsenbildern des Zen auch angesprochen: Der Hirt sucht zuerst nach dem Ochsen als externem Objekt, wird dann eins mit ihm; alle Einzelgestaltungen tauchen unter in der Grossen Leere. Dann bleibt dem Eremit auch in der Menschenfülle des Marktplatzes sein Einsiedlertum: all-eins geworden. Dieser Weg des Pilgers vom Alleinsein zum All-Einssein geht durch die Stadien der leidvollen, dann glücklichen, dann neutralen Vereinzelung des Menschen vor dem All-Einen (der Mönch ist mónos pròs mónon, der Einzelne vor dem Einen) zum Überschreiten der Dualität (welche Verschieden-, Getrenntsein voraussetzt) im All-Eins-sein: mystische Union. Das wahre Eremitentum besteht in der Realisation, dass Individuum-Sein Vereinzelung bedeutet, ob fern der Menge oder mitten unter ihr, dass aber solche Einsamkeit überschritten werden kann in der Realisation letzten Gleichseins des innersten Innen (atman) mit dem Allgemeinsamen (maha-atman).

Selbstbegegnung, Selbsteinsicht

in die Begrenztheit des Lebens
in die Unvollständigkeit und Schwäche des Menschen
in die Vergänglichkeit, Flüchtigkeit des Ich

Begegnung/Auseinandersetzung mit den anderen (bes. Lehrer, Meister, Guru)

Abhängigkeit	Selbständigkeit
Brauchen, Ausnützen	Unabhängigkeit
Rivalisieren	Toleranz des Seinlassens

Ursprungsbereiche spiritueller Krisen und therapeutische Massnahmen

Der spirituelle Pfad ist der Weg der Bewusstseinsentwicklung. Auf diesem Wege gibt es Hemmnisse, Schwierigkeiten, Krisen. Die Quellen spiritueller Krisen sind systematisch zu erforschen. Ihre Klarstellung wird wichtige Ansatzpunkte für Vorbeugung, Beratung, Therapie ergeben.

Als didaktisches Schema dazu mag das Menschenbild dienen.

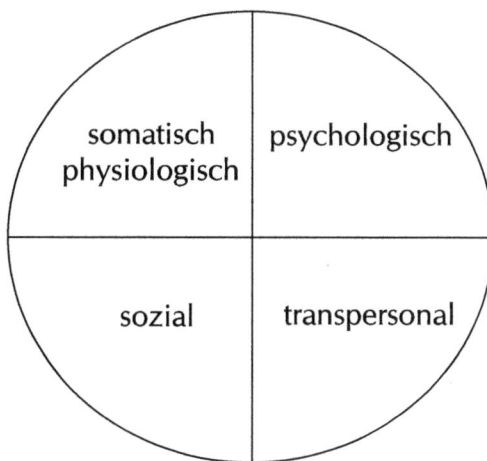

Leibbereich:

Menschen, welche in Müdigkeit, Erschöpfung, in problembelasteten Lebenszeiten, nach Schlafunregelmässigkeiten, besonders -kürzung, beim Fasten zu Depersonalisation und Derealisation neigen, sich selbst schlecht spüren, ihre Mitte im Bauchraum nicht deutlich wahrnehmen, die vegetativ labil sind, unter Stress zu Atemunregelmässigkeiten, Kopfweh, Bauchschmerzen u.ä. neigen, können manchmal beim Meditieren vermehrt solche Beschwerden haben. Sie erleben sich leiblich nicht mehr geordnet, ohne Schwerkraft und Bodenkontakt, zuwenig zentriert, spüren sich nicht mehr sicher, können wie aus dem Körper austreten (out-of body-experiences).

Leibarbeit i.S. von Yoga-Asana, Zentrierübungen, Erden (Fundament stärken), Körperwahrnehmung verbessern, Atemarbeit (Atem langsam, tief, deutliche Pausen vor Ein- und Ausatmung) wird da hilfreich sein. Physische Arbeit, Diät (nicht zu knapp, ausgewogen) und ausreichender Schlaf sind dazu nützlich.

Psychologisch-intrapsychischer Bereich

Für Krisen gefährdet sind einerseits Menschen, die zu starr, rigid, überkontrolliert sind, die haften an Zielen, Wünschen, an Doktrin, Methode, Lehrer. Sie können sich überstark binden und können Übertragungsneurosen, gar -psychosen entwickeln. Andererseits sind in ihrem Selbstsein unsichere, labile, auch im leiblichen Selbstgefühl instabile Persönlichkeiten gefährdet, wenn sie nicht eine psychohygienisch wohl dosierte strukturierte Führung finden.

Die Menschen, die überhaupt auf diesen Weg aufbrechen, sind verschieden motiviert dazu und ausgerüstet in ihrer Persönlichkeitsstruktur. Daher sind sie verschieden in ihrer Gefährdung für Krisen. Menschen, denen das Hiersein, das Bestehen der Alltagsbelastung zu schwer ist, die dafür zu verwundbar, verletzlich, zerbrechlich, schwankend, uneinheitlich, ungefestigt sind, sind gefährdet, Spiritualität (bes. im heute unter dem Einfluss der Transpersonalen Psychologie der New Age Bewegung inflationär gebrauchten Sinn) als Flucht vor der Bewährung, dem Standhalten, dem Wachstum an den Aufgaben zu benützen (spiritueller Escapismus). Sie heften sich an ein Ziel, an eine Lehre, einen Lehrer – und bleiben in Verhaftungen stecken.

Stärker gefährdet sind wahrscheinlich psycholabile Menschen, die zwischen Haften (attachment) und Distanzieren rasch wechseln, ichschwache Menschen mit schlecht integriertem, so genannt falschem, unechtem Selbst, mit instabiler Identität, mit mangelhafter Ich-Struktur und -Abgrenzung, mit Disposition zu Angst, Verlassenheits- und Einsamkeits-Depression, Depersonalisation, wechselnden Zuständen des Ich-Entgleitens. Ihnen fällt das Entspannen, Loslassen, Seinlassen bei wacher aufmerksamer Aktivität schwer. Sie können sich von Wünschen (z.B. nach überhöhten, auch spirituellen Ich-Idealen), Verhaftungen, Begehren, Bewertungen, Konflikten, Kränkungen, Enttäuschungen, von der Produktion von Bildern, Vorstellungen, Phantasien über das Erreichbare schlecht loslösen. Sie erreichen schwer Detachment, non-attachment, Gelassenheit, Stillesein – und können dann in Aufregung, Angst vor Steuerungs- und Kontrollverlust, vor dem Verlorengehen, in agitierte Verwirrung mit Halluzinationen und Wahn geraten. In der Steigerung der Aufregung und Angst kann es zu Krisen der Flucht, der Psychose, des Suizids kommen.

Vorbereitend – und damit präventiv – kann hier Psychotherapie indiziert sein, die Kultivierung von schlichter, echter Ganzheit, Klarheit, Aufgeräumtheit. Bei solchen Menschen ist eine behutsame Führung durch einen erfahrenen Lehrer, der sich selbst nicht grandios einbringt, besonders wichtig.

Die Ich-Inflation des narzisstischen Menschen (spiritueller ego-trip) scheint, selbst und gerade bei Fortgeschrittenen, die gewisse „Zeichen" (z.B. Klangerlebnisse, Farben, Lichter, Gestalten sehen, Levitationen, parapsychologische Erfahrungen, Chakra- und Kundalini-Phänomene) als Bestätigung ihrer spirituellen Befähigung bemerken, häufig zu sein. Sie ist bei Lehrern zu beobachten, welche sich selbst anpreisen oder sich von den Anhängern überhöht bewerten (idealisieren, hochstilisieren) lassen.

Psycho-sozialer Bereich

Der interpersonelle Bereich ist nur künstlich (aus didaktischen Gründen) zu trennen vom intrapersonellen. Konflikthaft unaufgeräumte, uneindeutige Beziehungen, starkes Haften (symbiotische Beziehungen) und für das Individuum leidvolle soziale Isolation, Kontaktarmut, Einsamkeit disponieren einen Menschen dazu, solche Konflikte auch in ein Lehrer-Schüler-Verhältnis einzubringen, sich vorschnell unter Aufgabe der eigenen Identität mit dem Lehrer, seiner Methode, seinen Anhängern zu identifizieren oder andererseits bei der ja vielfach einsamen Geistesarbeit des Meditierenden in Einsamkeit, Verlorenheits- und Verlassenheitsgefühle, Angst, Depression zu geraten.

Auch hier ist allenfalls psychotherapeutische Vor- und Begleitarbeit zu leisten, das Klären, Aufräumen, das Nichthaften zuerst zu lernen, um frei zu werden für nicht-haftendes Mitfühlen (-freude, -leid), zu non-egoistischer Liebe, zur Gelassenheit im Annehmen und Loslassen.

Transpersonaler Bereich:

Der transpersonale Bereich überschreitet das individuell-personhafte Bewusstsein und seine soziale Einbettung. Er ist in diesem Sinne auf A-soziales gerichtet: aussermenschliche Bezüge, kosmisch-universale Einbettung in und Teilhabe an kulturell verschiedenen Gestalten (Geister, Kräfte, Energien, die gestaltlose Fülle der einen Leere).

Wer auf seinem Wege den Kontakt mit dem Körper (dem „begeisterten Leib", Feuchtersleben 1845), mit dem inneren Meister oder dem äusseren Führer verliert, ist gefährdet für angstvolles Ausgeliefertsein in einem kalten, chaotischen Kosmos mit überwältigend-vernichtenden Mächten, für das Verlorengehen in einem unendlichen menschenleeren Raum, für schmerzliche Gottverlassenheit.

Die menschliche Einbettung – im Leib, auf der Erde, in sich selbst und in der Gemeinschaft – ist unverzichtbar und darf nicht in der Flucht vor den Alltagsaufgaben der rauhen „Realität" verlassen werden. Wer ohne guten äusseren Führer ist und sich nur auf den inneren Führer verlassen muss, wird da besonders vorsichtig sein müssen.

Erscheinungsformen der Krisen

Assagioli (1978, 1986) hat zu seinem hierarchischen System der Psychosynthesis, welches auf die Verwirklichung des wahren Selbst und die Bildung und Entwicklung der Person um dieses wahre Selbst zielt, eine Übersicht über psychische Probleme und Störungen auf den verschiedenen Stufen des Selbstverwirklichungsprozesses vorgelegt. Die Selbstrealisation der Psychosynthese bedeutet die Realisation des eigentlichen Seins und die Communio und Identifikation mit diesem universalen Leben.

Selbstverwirklichung und psychologische Störungen (nach Assagioli)

1. *Krisen, die dem spirituellen Erwachen vorausgehen*
   Unzufriedenheit, Grübeln, Sinnsuche, Selbstzweifel, Unbehagen, Gefühl der inneren Leere, Mangel an etwas Unbestimmbarem, intellektuelle Zweifel, metaphysische Probleme, Depression, moralische Krise.
2. *Krisen, die durch das spirituelle Erwachen ausgelöst werden*
   Emotionale Erregung oder Ekstase durch Einströmen von Licht und Kraft, Selbstüberschätzung, Überheblichkeit, Stolz, übertriebener Bekehrungseifer, Fanatismus, emotionale Ausbrüche, Unkontrolliertheit, Verlust des Realitätskontaktes, Erwachen parapsychologischer Wahrnehmungen.
3. *Reaktionen auf das spirituelle Erwachen*
   Verzweiflung, Selbstanklage, Gefühl der Wertlosigkeit, Unsicherheit, Melancholie (Depression), Verlust von Willenskraft und Selbstkontrolle, „göttliches Heimweh" (starke Erlösungs- und Verschmelzungssehnsucht).
4. *Phasen des Prozesses und der Verwandlung*
   Leistungsabfall, Erschöpfung, Schlaflosigkeit, Depression, Ausgelaugtsein, seelische Erregung, Ruhelosigkeit, Gefühl der Gespaltenheit zwischen weltlichem Leben und spirituellen Zielen.

Ken Wilber (1988, 2000, 2001, Übersicht Visper 2002), konstruierte in grosser Synopsis östlicher und westlicher Anthropologien und Bewusstseinskonzepte und unter der Zielvorstellung einer „überschulisch" gemeinsamen Philosophia perennis (Huxley 1944) ein Schichtenmodell der Bewusstseinsentwicklung, das er für universell, kulturübergreifend hält.

Dem werden schichtspezifische „Psychopathologien" zugeordnet (in Anlehnung an Kernberg und M. Mahler): präpersonale Pathologien (Schizophrenie, Depression, narzisstische und Borderline Störungen, Kern-Neurosen), personale Pathologien (Skript-, Rollen-, Identitätsneurosen, existentielle Neurosen), transpersonale Pathologien. Zu diesen gehören die Probleme und Krisen in den Stadien der transpersonalen Entwicklung des Bewusstseins. Sie sind erscheinungsbildlich vielfach den anderen Pathologien ähnlich, stehen aber in einem anderen Kontext (z.B. die „yogische Krankheit" von Aurobindo 1974/5). Die von Wilber genannten „höheren" Störungen sind kaum sinnvoll als Psychopathologien zu bezeichnen. Vielmehr kann sich in jedem Stadium mannigfache Pathologie manifestieren.

Man kann die Erscheinungsformen der Krisen (mit Grof 1986) in sechs Gruppen ordnen. Dies ist eine didaktische Gliederung. Kombinationen der genannten Typen sind häufig, besonders 1, 2, 3 sowie 2, 3 und 3, 4. Die Gegenüberstellung „psychosis" oder „spiritual emergency" ist keine fruchtbare Alternativfrage: Wenn psychotische Symptomatik bis zum Grade der Dysfunktionalität, Infirmität eines Menschen auftaucht, so darf man diese nicht euphemistisch umdeuten – und damit unter Umständen die narzisstische Selbsterhöhung des Klienten stimulieren. Sondern man wird religiös-spirituelle Erfahrungen und krisenhafte Bedrohungen dabei als *einen* Anlass anerkennen, durch den desintegrationsgefährdete Menschen in eine Ich-Desintegration geraten können (so genanntes schizophrenes Syndrom).

Erscheinungsformen der Krisen:

1. Bewusstseinsphänomene
schamanische Reise
psychic opening (Manifestation parapsychologischer Phänomene)

2. Vegetativ-energetische psychosomatische Phänomene, Kundalini

3. Affektdominante Phänomene, Akedia, Depression

4. mnestische Phänomene, z.B. Reinkarnations-Erinnerungen

5. Besessenheitszustände

6. Ich-desintegrative Krisen

a) Bewusstseinsphänomene

Damit ist das Auftauchen von veränderten Bewusstseinszuständen gemeint. Ein Typ ist das Auftreten von Bewusstseinsreisen nach dem Modell der schamanischen Reise: Das Gefühl, dass die Seele oder ein Teil davon weggehe, vorübergehend den Körper verlasse, in andere Welten eintrete. Das Auftauchen so genannter übernatürlicher Fähigkeiten (Sidhis) kann dazu gerechnet werden sowie eine Reihe von Phänomenen, die in der Literatur unter dem Terminus „psychic opening" laufen: Parapsychologische Phänomene, PSI-Erscheinungen, extra-sensorische Wahrnehmung, out of body experience, Präkognition, telepathische Phänomene, Synchronizitätsereignisse, Visionen, Poltergeist-Phänomene (Grof 1986, Hastings 1983, Ernst 1989).

b) Vegetativ-energetische psychosomatische Phänomene

Das Auftauchen energetisch-vegetativer Störungen, Erregungen, Unausgeglichenheiten wie Schwitzen, Hitze, Frösteln, Zittern, Beben, Schmerzen in Kopf, Herzgegend, Bauch, Beckenbereich, Körpergefühlsveränderungen, eventuell auch das Auftreten von sensorischen Sensationen wie Licht-, Farb-, Ton-, Vibrationsempfindungen sowie Stimmungsveränderungen zwischen Depression und Manie wird in der Sicht der westlichen Medizin dem psycho-vegetativen Bereich zugeschrieben (vegetative, autonome Irritation). In anderem kulturellen Kontext (dem tantrischen in hinduistischer und tibetischer Ausformung, heute von der New-Age-Bewegung im Westen übernommen) werden solche Phänomene der Aktivierung der Kundalini zugeschrieben (Woodroff 1978, 1979, Gopi Krishna 1967, 1975, Mookerjee 1982).

Kundalini
Kundalini ist ein Sanskrit-Wort und bedeutet wörtlich Schlange, auch Schlangenkraft. Dies ist die gängige Bezeichnung für die als kosmisch oder auch als spirituell aufgefasste Energie, die potentiell in jedem Menschen ruht. Das mythische Bild dazu ist das einer aufgerollten Schlange, welche am unteren Ende des Wirbelsäulenkanals schläft. Diese in der einzelnen Inkarnation vorhandene Repräsentan-

tin der kosmischen Energie kann spontan erwachen oder sie kann durch bestimmte meditative, spirituelle, geistliche Übungen geweckt werden. Das Erwachen der Kundalini bedeutet, dass sie entlang dem Wirbelsäulenkanal aufsteigt und dabei in verschiedenen Ballungszentren, Chakras genannt, zur Manifestation kommt. Die Lehre von der Kundalini gehört dem Tantrismus an, den Lehren von den kosmischen Energien, die auch als Shakti, die als weiblich aufgefasste Kraft (Shakti = weibliches Prinzip = Kraft = Energie des männlichen Gottes Shiva) gedacht sind. Tantrische Lehren gibt es sowohl im Hinduismus wie im Buddhismus.

Kundalini-Yoga, auch tantrischer oder Laya-Yoga, hat zum Ziel, die kosmische Energie Kundalini (Kundalini-Shakti) zu erwecken und sie durch die sechs Zentren entlang der Wirbelsäule aufsteigen zu lassen. Dabei werden nach der Lehre dieses Yoga in den verschiedenen Zentren immer weitere Erkenntnisse, Fähigkeiten, Stufen der Befreiung, schliesslich Weisheit und Seligkeit erreicht.

Die Zentren der kosmischen Energie Kundalini ballen sich in so genannten Chakras. Im menschlichen Körper selbst gibt es sechs Chakras, darüber ist dann noch das siebte, das Scheitelchakra. In den bildlichen Darstellungen zu Kundalini und Chakra sind die drei Kanäle dargestellt, in denen diese kosmische Energie, manchmal auch als „feinstoffliche" Energie bezeichnet, aufsteigt. Weder diese Kanäle noch die Ballungszentren dieser kosmischen Energie Kundalini sind in der naturwissenschaftlichen Anatomie des Körpers zu suchen, sondern sie sind ideelle Energiekanäle in einem ideellen mythischen Energieleib oder Astralkörper. Die Chakras selbst werden vielfach in der Form von Lotosblüten dargestellt. Jedes Chakra hat sein eigenes Symbol. Chakras sollen die durchströmende kosmische Energie, die im Aufsteigen der Kundalini an das entsprechende Ballungszentrum herankommt, sammeln, transformieren und verteilen. Die Aktivierung der einzelnen Chakras, sei es spontan, sei es im Rahmen tantrisch-yogischer Übungen, zeigt sich dem Menschen in der Form von besonderen Phänomenen, dem Auftauchen von Stimmungen, Gefühlen, der Erfahrung von Kraftströmen, Licht- und Tonerscheinungen, Hitze- und Kälteempfindungen, Vibrationen, auch parapsychologischen Erscheinungen, so genannten übernatürlichen

Kräften. Da mit der Aktivierung der einzelnen Chakras auch neue Erfahrungen und Einsichten auftauchen können, werden die Chakras auch als Bewusstseinszentren aufgefasst. Das unterste Chakra liegt in der Höhe des Dammes zwischen den Geschlechtsorganen und dem Anus. Hier ruht im unerweckten Zustand die Kundalini als zusammengerollte Schlange. Das zweite Chakra liegt an der Wurzel der Geschlechtsorgane. Das dritte liegt in der Höhe des Nabels, das vierte in der Herzgegend, das fünfte liegt im Bereich des Kehlkopfes, das sechste an der Nasenwurzel. Das siebte liegt ausserhalb des grobphysischen Körpers: oberhalb des Scheitels. Dieses siebte Chakra oberhalb des Scheitelbeins gilt als die Manifestationsstätte des kosmischen Bewusstseins.

Kundalini kann sich im Gefühl von entlang der Wirbelsäule aufsteigenden Energien regen, die sich allenfalls in bestimmten Energiezentren (Chakras) stauen oder ballen können und dort auch Schmerzen oder nicht schmerzhafte Sensationen hervorrufen können. Im Bereich des Herzchakras können solche energetischen Aktivierungen auch mit intensiven Gefühlen, z.B. der Liebe, der Allverbundenheit, aber auch von Schmerz und Trauer auftauchen. Auch Farberlebnisse sind in diesem Zusammenhang nicht selten. Bei Aktivierungen des Stirnchakras kommen gelegentlich Druckgefühle, Schmerz in der Nasenwurzel, allenfalls auch Kopfschmerzen vor. Genitale Sensationen werden nicht selten als Kundalini-Regung gedeutet. Es gibt Menschen, die recht fixiert in einer Art Faszination die eigenen Kundalini-Phänomene beobachten und dadurch auch verstärken können. Das kann mit einer allgemeinen vegetativen Entgleisung, Unruhe, Schlafstörungen und Appetitstörungen einhergehen. Die Attribution solcher psychosomatisch-vegetativer energetischer Phänomene als Aktivierung kosmischer Energien, gar als Erleuchtung, kann aber auch eine narzisstische Aufblähung zur Folge haben und den Realitätsbezug und das Wirken im Alltag vermindern. Der Kundalini zugeschriebene Regungen sind keine Indikatoren der spirituellen Entwicklung oder gar der Erleuchtung!

Manche Autoren haben die Tendenz, das Konzept der kosmischen Energie Kundalini zu einem Erklärungsmodell sowohl für die Evolution der Menschheit wie für die spirituelle Entwicklung, Befreiung sowie die Manifestation von Kreativität und Genialität zu machen (Gopi Krishna 1967, 1971, 1972, 1974, 1975). Von einer Reihe von Autoren werden Dysharmonien der Kundalini-Aktivierung und Fehlleitungen, Stauungen oder auch Überwältigungen durch diese Energie als Ursache von psychischen Störungen erklärt (Gopi Krishna). Andere Autoren hingegen sind der Meinung, dass man Kundalini-Phänomene und im westlichen Sinne psychotische Phänomene unterscheiden könne (Hoch 1988, Sanella 1976, White 1979).

c) Affektdominante Phänomene

Damit sind vorwiegend negative Veränderungen der Grundgestimmtheit gemeint: Niedergeschlagenheit, Verzagtheit, Mutlosigkeit, Schwermut, Gefühle der Nichtigkeit, Dumpfheit, Zweifel, Angst, Verlassenheits- und Verlorenheitsgefühle. Isaak von Niniveh schrieb im 8. Jh. n. Chr. vom „Tod der Seele, völliger Zerstörung und totaler Verlassenheit" (75). Einsamkeit im Sinne des mitmenschlichen Isoliertseins (soziale Einsamkeit) oder in der Vereinzelung vor dem Einen (mónos pròs mónon i.S. von Plotin); auch ungeduldige, unglückliche Ruhelosigkeit (Akediá). Die Verdunkelung ist in der Dunklen Nacht der Seele und des Geistes von Johannes vom Kreuz ausgearbeitet. Diese dunkle Nacht gehört zur via spiritualis, zur religiös-mystischen Entwicklung und ist in der Hagiographie vielfach belegt. Zahlreich sind die Formulierungen dieser Melancholie: das Karfreitagsleiden und Sterben, die „geistliche" Kreuzigung in der Nachfolge Christi, die Wüstenwanderung, die Trostlosigkeit und Austrocknung der Seele (desolatio und sterilitas animae, Bernhard von Clairvaux, gest. 1153), die Trockenheit (Johannes vom Kreuz). Es ist das Thema der Versuchung Jesu in der Wüste, Jakobs Ringen mit den Engeln, die Gethsemane-Situation des Messias. Im Alten Testament kann die Hiobsbotschaft so gedeutet werden. Die Altväter des Christentums in der syrischen und ägyptischen Wüste hatten von den Mönchskonflikten gewusst (Apophthegmata patrum, Miller 1965). Auch im Islam ist die Thematik bekannt (ein modernes Beispiel: Oezelsel, 1992). Die Zen-Krankheit und die yogische Krankheit mit ihren Wellen und Tälern von Helligkeit und Düsternis gehört hierher. Aus dem hinduistischen Bereich mögen Arjunas Verzagtheit, Ratlosigkeit und Zweifel im ersten Gesang der Bhagavadgita und die Hemmnisse des Yogi-Adepten in Patanjalis Yoga-Sûtra als Belege dienen. In den buddhistischen Schriften (Pali Kanon) sind die Hemmnisse und Schwierigkeiten behandelt. Die Biographie des tibetischen Heiligen Milarepa erzählt eindrücklich von den oft überwältigend schweren Prüfungen, die er von seinem Guru Marpa auferlegt erhielt. Laotse weiss um die Einsamkeit und Ratlosigkeit des abseits der Menschennormen seinen Weg suchenden Tao-Verehrers.

O Einöde, habe ich noch nicht deine Mitte erreicht?

Ich allein bin unschlüssig,
noch ohne Zeichen für mein Handeln,
wie ein kleines Kind ...
und so müde, so müde, ach,
wie einer, der ohne Heimat.

Ich allein bin wie verlassen:
ich habe eines Einfältigen Herz.
Die Menschen der Welt, sie sind sich so klar –
ich allein bin mir so dunkel, so dunkel ...

ich allein bin so betrübt und bekümmert,
wogend, o wie das Meer,
verweht, o wie ohne Halt ...
Ich allein bin anders als die Menschen:
Denn ich halte wert die nährende Mutter.

Tao te King, 20

Die glücklich-erhobenen Gestimmtheiten bis zur Ekstase, das Gefühl von Kraft, Erfüllung, Leichtigkeit, Schwerelosigkeit, des Schwebens bis zur „Himmelfahrt" wird den Psychiater an das manische Syndrom erinnern. Es wird kaum als Krise oder Störung beeindrucken und zur Beratung Anlass geben, sofern der Adept nicht für einige Zeit aus der Lebensbahn geworfen wird.

d) Mnestische Phänomene

Dazu gehören vor allem das Zurückschreiten in der eigenen Lebensgeschichte, zunächst in postnatale, dann allenfalls in perinatale und antenatale Lebensabschnitte. Bei einzelnen Menschen kommen auch so genannte Reinkarnationserinnerungen vor, d.h. das Gefühl, frühere Existenzen zu erinnern oder wieder durchzuerleben (Stevenson 1974, 1976, Grof 1987). „Erinnerungen" sind Gestaltungen des Bewusstseins wie andere kognitiv-affektive Vorgänge (z.B. Wissen, Intuition, Schau, Gewissheiten etc.) und sind keine Beweise für tatsächliche Vorkommnisse in früheren Zeiten (sog. historische Wahrheit).

e) Besessenheitszustände

Das Gefühl, von fremden Mächten, Geistern, Dämonen besessen und im Verhalten von ihnen bestimmt zu werden. Besessenheit ist meist zeitlich begrenzt auf Stunden, tritt aber oft wiederholt auf. Diese Phänomene sind stark kulturell gebunden, in der westlichen Kultur selten. Sie dienen plausibel eruierbaren psycho- und soziodynamischen Motiven (der Entlastung von anders nicht abreagierbaren Affekten, bes. Wut, Ressentiment). Im Schamanismus ist die Possession zentrales Element: Macht über Krankheits- und Schutzgeister oder Wirkstätte eines Geistes.

f) Ich-desintegrative Krisen

Das ist die schwerste Form der kritischen Situationen, die auf dem spirituellen Weg auftauchen können. Gemeint ist damit das Gefühl der Desintegration des Ich, die negative Ich-Auflösung, der Ich-Verlust im Sinne des Zerbrechens, des Vergehens, des Verlorengehens oder auch das Gefühl von Weltverlust, das Gefühl, in eine Sonderwelt weggerissen zu werden und in der Eingeschlossenheit dieser Sonderwelt den Kontakt zur Welt der anderen Menschen zu verlieren. Je nach Akuität und Schwere dieser Ich-Desintegration treten Überwältigungsreaktionen des Erstarrens, des dagegen Ankämpfens, der Flucht oder manchmal auch andere Reaktions- und Verarbeitungstypen auf (Psychopathologie des schizophrenen Syndroms, Scharfetter 1995).

Differentialdiagnose spiritueller und psychotischer Krisen

Ob ein Erlebnis psychopathologisch relevant ist, ergibt sich aus 1. dem lebensgeschichtlichen Kontext und der Situation, 2. dem Bewusstseinszustand, in dem die Erfahrung statt fand, 3. dem Kontext der gesamten Erlebnis- und Verhaltensweisen (Syndrom), spez. aus den Folgen für das Funktionieren in den elementaren Lebensbelangen (Realitätsprüfung, Selbstkontrolle etc.). Psychopathologie im strengen Sinn gilt nur bei Abweichungen aus dem Funktionieren im mittleren Tageswachbewusstsein. Es gibt keine Pathologie des Unterbewusstseins und keine des Überbewusstseins. Psychopathologie bedeutet Dysfunktion im Tageswachbewusstsein. Diese mag manchmal ihre Auslöser in so genannten Unter- und Überbewusstseinsereignissen haben.

Psychose ist ein unscharfer Begriff, der verhaltensrelevante Funktionsstörungen und/oder Ausfälle der Funktionen des mittleren Tageswachbewusstseins (Realitätsprüfung, Erfahrungsbewusstsein, Selbst- und Umwelterleben, affektiv-kognitive Kohärenz etc.) bezeichnet. Der Begriff Psychose ist nicht an eine bestimmte aetio-pathogenetische Einheit gebunden. Kein Einzelsymptom allein, für sich genommen, darf die Diagnose Psychose erlauben, sondern das Gesamtbild von Erleben und Verhalten in einem bestimmten Kontext.

Hier ist der Ort, die Differentialdiagnose zwischen psychotischer Krise und spiritueller, religiöser, mystischer Krise zu bedenken. Die Übersicht Seite 125 gibt dazu Stichworte. *Erscheinungsbildlich* sind diese Krisen *ähnlich*. Sofern der *Inhalt* ein religiös-spiritueller ist, wird die Intensität der Erlebnisse, die Ergriffenheit der Person und deren Fähigkeit, die Erfahrungen zu integrieren und daran zu wachsen, oder deren Disposition, daran zu scheitern und dysfunktionell, infirm, d.h. krank zu werden, über die Zuordnung entscheiden. *Psychotische Erlebnisse können religiös-spirituelle Themen beinhalten. Spirituelle Krisen können (selten) psychotisches (oder psychosenahes) Ausmass annehmen.* Wie das von dem Sucher in der Krise aufgefangen werden kann, wird auch von der Umgebung, deren Akzeptanz, Toleranz, adäquatem Beistand abhängen, nicht nur von seiner Persönlichkeit (Rowan 1993, Lukoff 1985, 1988, Nelson 1990).

„Echte" spirituelle Krisen von einer Intensität und Austragungsweise, die an eine ernste psychiatrische Erkrankung denken lassen müssten, scheinen selten zu sein. Voraussetzungen zur rechten Einschätzung sind 1. die Vermeidung allzuschnellen Pathologisierens von ungewöhnlichen Erfahrungen und Bewusstseinszuständen; dies besonders, wenn dabei die Lebensgeschichte und -umstände nicht ausreichend berücksichtigt werden und 2. die Anerkennung, dass religiöse Themen, spirituelle Inhalte, transpersonale Phänomene in- und ausserhalb von psychiatrischen Erkrankungen vorkommen können und dass nur die Gesamtbeurteilung die Zuordnung erlaubt. Sie wird sich nicht nur an „Symptomen" orientieren, sondern an der Frage, ob „Krankheit" i.S. von Dysfunktionalität, Infirmität vorliegt.

In der Sicht des Psychiaters, welcher im Umgang mit schizophrenen Menschen Erfahrung hat, wird bei sorgfältiger Erhebung und Bewertung der Psychopathologie und ihres lebensgeschichtlichen Kontextes die Differenzierung kaum Schwierigkeiten bereiten. Ernsthafte Psychiatrie wird ja vermeiden, ungewöhnliche Erfahrungen von Menschen gerade zu pathologisieren und diagnostischen Kategorien zuzuweisen. „Krankheit" bedeutet Infirmität: d.h. dass ein Mensch durch Erlebnisse, Erfahrungen, Veränderungen dysfunktionell wird, seine Lebensaufgabe nicht mehr bewältigen kann und daher Hilfe bedarf.

Krisen

	Psychotische	Spirituelle Religiöse Mystische
Erscheinung Affekt	Depression Manie Angst	Stimmungs-/ Befindlichkeits- Schwankungen
Bewusstsein	ev. Oneiroid Depersonalisation Derealisation	Besondere Bewusstseins- zustände (Ek-, Enstasis) Depersonalisation Derealisation
Ich-Bewusstsein	Ich-Desintegration bad trip Kontrollverlust Halluzinatorisches Erleben	Temporäre Ich-Aufhebung Visionen, akustische Hal- luzinationen
Prädisposition	ich-schwache Persönlichkeit desintegrationsgefährdet vulnerabel	Ich-unsichere, non- integrierte, segmentierte Persönlichkeit „falsches Selbst"
Auslöser	ich-belastende Ereignisse i.w.S. (einschliesslich spiri- tuell / religiöse Durch- bruchserlebnisse)	Zu starkes Verlangen, Be- gehren, Haften Geistliche Konflikte / weltliches Leben Auslöser besonderer Be- wusstseinszustände
Worum geht es?	Überleben/Bestand des Ich Wert, Rang, Bedeutung, Macht, Einfluss Beziehung, Überwinden von Einsamkeit Körperliche Gesun- heit/Integrität, Schuld und Sühne Wahn Ich Welt negativ Bedrohung Zerstörung positiv Überhöhung Erneuerung	Durchbruch zu / Veranke- rung in „höherem" trans- personalen Bereich Loslassen von Verhaftung am Tageswachbewusst- sein Befreiung Erleuchtung Unio Erlösung

Gewiss bringt auch manche akute Schizophrenie die Grundthemen des Menschseins, den Bestand des Ich im Leben, Sterben, Untergang, Tod, Welt- und Ich-Untergang und Erneuerung, Wiedergeburt hervor (also auch so genannte transpersonale Themen). Jede Krise, ob psychotisch oder nicht, kann diese Grundthemen anstossen (Scharfetter 1995). Doch die meisten Schizophrenien ringen auf einer anderen psychischen Entwicklungsstufe als spirituell entwickelte Menschen (Wilber 1988, Grom 1992, Sudbrack 1996). Huber und Gross (1977) zählten z.B. unter 1068 Wahneinfällen von Schizophrenien in 20,8 % religiöse Inhalte: davon 2/3 der Berufung und Grösse, 1/3 der Schuld und Sünde. Totsein kam in 1,2 %, Auferstehung in 9,8 %, Weltuntergang in 2,1 % vor. Zu im weiten Sinne religiösen Themen schrieb 1999 der psychiatrisch erfahrene und belesene Anstaltspfarrer Mundhenk. Dabei werden Erlebniskreise der akuten Phase dargestellt: Offenbarung, ekstatisch-mystisches Erleben, „Entgrenzungserlebnisse" (dabei auch so genannte transpersonale Erlebnisse), ambivalente Erlebnisse des Numinosen, Berufung, Heilung. In ähnlicher didaktischer Gliederung bringt der Autor Wahngestalten, wie sie bei Schizophrenen zur Beobachtung kommen, und Deutungen des Wahns, auch in Relation zum Glauben.

Die meisten Schizophrenen „wollen" auch nicht mehr als einigermassen stabil ein autonomes Leben in ihrer Gesellschaft leben und nicht hohe religiös-spirituelle Ebenen erreichen. Echte Religiosität und Spiritualität muss sich immer auch im Alltagswirken bewähren. Sie setzt klares Realitätsbewusstsein voraus und die Fähigkeit, verschiedene Erfahrungsebenen zu unterscheiden und integrativ in die Lebensentfaltung einzubauen.

Die Kraftlosigkeit, Niedergeschlagenheit, Verzagtheit, Mutlosigkeit, das Gefühl, nicht weiter zu kommen oder gar Rückschritte zu machen, Gequältheit und Unruhe, Gereiztheit, Unduldamkeit, Groll, Wut, Ärger gehören zum *depressiven Syndrom*. Ob dieses einer psychiatrischen Diagnose zugeordnet gehört oder als ein Lebensabschnitt des geistlichen Weges eingeordnet werden kann, wird von dem Gesamtkontext, der Lebensgeschichte, dem Entwicklungsstand der Spiritualität und der Intensität des Syndroms abhängen. Die Alternative „psychiatrisch oder geistlich" ist falsch. Psychopathologie verschiedener Art und verschiedenen Ausmasses kommt auch bei spirituell orientierten Menschen vor. „Spirituelle" Themen kommen auch bei psychopathologischen Ereignissen vor. Differentialdiagnostische Schwierigkeiten gibt eher das *manische Syndrom* auf. Denn manche Selbstüberhebung, Gefühl der Leichtigkeit, gar des Schwebens, der Ausdehnung, des All-Kontaktes, der neu gewonnenen Einsicht und Befähigung eines Adepten, der z.B. die Kundalini in sich aufsteigen zu spüren meint, der parapsychologische Erfahrungen zu haben, gar übernatürlich befähigt zu sein glaubt und berufen, eine traditionelle Lehre zu verkünden oder eine neue zu kreieren, lässt den Psychiater eher an eine Manie denken. Aber man darf nicht jedes Glücksgefühl religiöser Art zur „Manie" pathologisieren (Ellison 1991)! Wenn Zeiten stummer Niedergeschlagenheit, Apathie vorausgehen oder folgen, steht die Frage einer manisch-depressiven Gemütskrankheit an. Dabei ist klar zuzugeben: Maniforme Expansion schliesst spirituelle Erlebnisse nicht aus. Aber solche Erlebnisse tragen kaum zum spirituellen Wachstum der Persönlichkeit (Ich-Relativierung, Transzendenzbezogenheit) bei.

Runions (1979) erwähnt zur Differentialdiagnose noch 1. „organische" Bewusstseinsveränderungen bei Epileptikern, bei psychotropen Drogen (bes. LSD), 2. hysterische dissoziative Zustände. Er rät auch, die Wirkung der Erfahrung auf die Persönlichkeitsentwicklung zu berücksichtigen. Er warnt vor der reduktionistischen Einordnung mystischer Erfahrungen als pathologisch, regressiv u.ä. und vor der idolisierenden Hochstilisierung exzeptioneller Bewusstseinserfahrung mit den sekundären Folgen der Fixierung auf die Erfahrung und der Einengung des Strebens auf die (eventuell toxisch induzierte) Wiederholung und Erfahrung. Kroll und Ganck (1986) haben die methodischen Probleme retrospektiver Beurteilung von visionären Erlebnissen im Mittelalter diskutiert.

Betreuer und Betreuung

Der in der Krise befindliche Mensch bedarf der adäquaten Betreuung. Das setzt eine Differenzierung der Erlebnisse, die Klarstellung allfälliger Pathologie und ihres Stellenwertes voraus. Religiöse Themen in- und ausserhalb der Pathologie sind ernst zu nehmen. Beratung und Therapie müssen die Psychopathologie, die Persönlichkeitsstruktur, den biographischen Kontext und die lebensgeschichtliche Konstellation innerer und äusserer Auslöser berücksichtigen und auch die Reserven, das kräftige und gesunde Potential einzuschätzen versuchen.

Abhängige, labile, suggestible Persönlichkeiten, welche spirituelle Methoden, Noviziat u.ä. zur Flucht vor den Anforderungen des Alltagslebens brauchen, sind gefährdet für Krisen und bedürfen einer besonders sorgfältigen Führung und Betreuung (z.B. in Exerzitien).

Wie kann sich ein Mensch vorbereiten, Menschen in Krisen zu betreuen, zu begleiten, ihnen zu helfen?

Gewiss braucht es professionelles psychiatrisch-psychotherapeutisches Wissen zur Beurteilung und Behandlung schwerer Krisen. Aber: Die von der heute bestimmenden Psychiatrie und Psychologie vermittelte Ausbildung bereitet auf das rechte Erkennen und Handeln nicht vor.

Die derzeit dominierende, hauptsächlich neurowissenschaftlich und psychopharmakologisch orientierte Psychiatrie gewichtet die biographische Werdens- und Leidensgeschichte der einzelnen Person weniger. Da ist eine über die Standarderhebung hinausgehende differenzierte phänomenologische Psychopathologie mit den Fragen nach der biographischen Lebenskonstellation vor Ausbruch oder zur Zeit der Manifestation von Psychopathologie wenig gepflegt. Die Psychodynamik des Ringens der Person mit inneren und äusseren Konflikten (gar Traumen), die Dynamik der Selbstrettungsversuche (der autotherapeutischen Anstrengung) zwischen Erstarren, Flucht und mannigfacher Abwehr tritt an gewichteter Beachtung zurück hinter supponierten neuralen Mechanismen (in einem verkürzten Neurobiologismus, s. Bennet and Hacker, 2003; Kircher and David 2003).

Gegenüber der Ernstwertung religiöser und spiritueller Phänomene in- und ausserhalb des Pathologischen hatte die „klassische" akademische Psychiatrie (in der deutschsprachigen Psychiatrie bes. die Schule Kraepelin, auch E. Bleuler) immer schon ihre in ihrer Weltanschauung begründeten Reserven. Eugen Bleuler rechnete diese zum Autismus (s. Scharfetter 2001). Es dauerte Jahrzehnte, bis die vierte Fassung des Diagnostic and Statistical Manual (DSM-IV, 1994) der American Psychiatric Association einen Abschnitt „Spirituelle" Probleme aufnahm (V62.89, p. 685).Vorarbeiten dazu leistete das Committee on Psychiatry and Religion (1976) mit der wichtigen Schrift: Mysticism. Spiritual quest or psychic disorder. Seither sind viele Texte zu dieser speziellen Thematik erschienen[21], 1996 auch ein Lehrbuch zur Transpersonalen Psychiatrie und Psychologie (Scotton et. al).

Das Bild vom Menschen im Kosmos des Bewusstseins, seiner Persönlichkeit, seines Ich, seines Leibes, die Unterscheidung der verschiedenen Selbstbegriffe und der zugehörigen Vorstellungen von Selbstverwirklichung, Wachstum, Therapie wird ein Bereich der Vorbereitung sein. Der andere ist die eigene Suche nach dem Weg und auf dem Weg. Auch da lauert die Gefahr der Selbstzuschreibung von spirituell erfahren oder fortgeschritten.

Echte spirituelle Lehrer sind selten. Ihnen fehlt oft die psychiatrisch-psychotherapeutische Erfahrung. Das SEN (spiritual emergence network von Grof) basiert auf einer beschönigenden Umdeutung von Krisen von Krankheitsgewicht zu „transformativen", spirituellen Krisen und auf einem überweiten Begriff von transpersonal und spirituell.

Jedenfalls bestimmt die Persönlichkeit des Helfers, bereichert um Fachwissen und eigener Übungserfahrung, die Eignung eines Menschen für die Betreuung von Menschen in Krisen, in- und ausserhalb des spirituell Genannten.

Zur Identifikation des Problems in Anamnese und Befund brauchen wir eine sorgfältige *Erhebung der Lebensgeschichte und der aktuellen Konstellation*, ein nicht zu früh interpretierendes empathisches Zurkenntnisnehmen der Erfahrung des Klienten und ihres Kontextes. Das heisst, man muss die ganze Lebenssituation des Kranken, seine Persönlichkeit, seine soziale Situation und seinen Bezug zum Transpersonalen erforschen. Die Begleitumstände, die eventuell als Aus-

---

21 siehe Assagioli 1978, 1986. Bragdon 1988, 1990. Dean 1975. Lukoff 1985, 1988. Mundhenk 1999. Nelson 1990. Ostow 1988. Perry 1986. Rowan 1993. Scotton et al. 1996. Wilber, Engler, Brown 1988. Zundel et al. 1989.

löser von besonderen Bewusstseinszuständen in Frage kommen, sind zu klären. Dazu gehören auch das Verhältnis von Schlafen und Wachen, das Ausmass und die Qualität des Schlafes, Zustände von Müdigkeit mit besonderer Beachtung von dissoziierter Wachheit. Die Lebensweise (Diätetik), Ernährung, die Einnahme von Pharmaka, einschliesslich so genannter psychedelischer Drogen, der körperliche Gesundheitszustand ist zu prüfen. Bei Meditanden wird man die Technik der Meditation, z.B. Atemübungen, Häufigkeit, Dauer, inneren Erwartungsdruck, Abhängigkeit von einem Lehrer oder Üben auf eigene Initiative ohne Führung zu beachten haben. Man wird im aktuellen Zustand des Klienten auf Verunsicherung, Sorge, Desorientierung (Realitätsunsicherheit), Ängste achten und im Besonderen auf allenfalls nicht ausgesprochene Psychoseangst (Desintegrationsangst, Kontrollverlust, Realitätsverlust).

Ein dritter Schritt der Beratung und Therapie ist die *Aufklärung*: Es geht um das Erkennen und *Benennen*, als bekannt identifizieren (naming, labeling). Das heisst die Vermittlung an den Klienten: Die Sache ist im Prinzip bekannt. Dies ist selbstverständlich in Beziehung zu setzen zu dem in der Anamnese Erhobenen. Dem Benennen folgt die Amplifikation, d.h. der Hinweis auf ähnliche Erfahrungen.

Es gibt *Interventionen*, die den Prozess unterstützen: Ermutigung, das positive Potential in Begleitung eines Kundigen zu nutzen, der unerschrocken als Lotse und Bergführer bei der Erfahrung begleitend da ist. Dazu bietet Grof (1986, 1987, 1990) seine holotrope Therapie an. Aufdeckende Techniken, unter Umständen unter Verwendung von LSD, lösende, Katharsis fördernde bioenergetische Techniken (Rolfing), Hyperventilation, Musik, Tanz, Gruppe, Unterstützung der Expression können den Prozess fördern (s. auch Bragdon 1988, 1991).

In Krisen, die gefährlicher in Psychosenähe sind, wird man an einen Abbruch des Prozesses denken müssen: Stop des Meditierens, Diät, Kontrolle der Atmung (tief, langsam, betonte Pausen), Techniken des Erdens und das Angebot einer geborgenheitsvermittelnden stimulus-

armen Umgebung (s. dazu auch Podvoll 1990). Manchmal werden auch Neuroleptika oder Tranquilizer zur Beruhigung nötig sein.
Die wichtigsten Stichworte für die Beratung und Betreuung von Menschen in Krisen (jeder Art, profaner, existentieller, spiritueller) sind also:
- *Klärung* der gegenwärtigen Probleme nach Inhalt, Anlass, Ausmass.
- *Einordnen* in die Lebensgeschichte und gegenwärtige Lebenssituation.
- *Aufklärung* über die Vorgänge, Vermittlung von Verstehen.
- *Einflussnahme* auf die Auslösebedingungen im fördernden, bremsenden, in schweren Fällen unterbrechenden Sinn.
- *Gemeinsame Suche* des persönlich gültigen, vielleicht tragenden lebensgeschichtlichen Sinns der Krise. Worauf verweist sie? Was wurde ungenügend vorbereitet, geläutert, geklärt, was im Verhältnis zu den eigenen Kräften falsch gemacht? Was ist die Botschaft der Krise für die Gestaltung der eigenen Wertwelt und Zielsetzung?

So kann in gemeinsamer Arbeit die Krise im besten Fall fruchtbar werden für die weitere Entwicklung.

Der Wandel (die Metamorphose, Transformation) bringt im besten Fall ein zufriedenes selbstbescheidenes Sich-Einordnen in einen individuumsüberschreitenden Zusammenhang (das Ganze, tò hólon): Das Individuum wird echt und lauter (transparent, klar) sich selbst sein können, in der Mitte, im seelischen Gleichgewicht in den Stürmen des Lebens (Gefasstheit, Gelassenheit). Ein solcher Mensch wird sein Potential verantwortlich anderen Wesen zur Verfügung stellen und darin Selbstverwirklichung erleben (self realization Assagioli, self actualization Maslow).

Er wird nicht abgleiten in Eskapismus, Selbststilisierung als grandioser Heiler, Neoschamane, Geistheiler, wird schlicht ohne grandiose aussergewöhnliche Bewusstseinszustände leben, ohne Ekstase von Rausch, Genuss, Seligkeit, Glück, ohne schwärmend-pathetische Liebesmystik, ohne mystische Trunkenheit, ohne Illusion, schon am anderen Ufer angelangt, befreit, erleuchtet, gar heilig zu sein (vgl. die grösste Gefahr für den Heiligen ist die selbstattribuierte Heiligkeit), wundertätig zu sein. Er wird seinen Weg suchen ohne die Krücke transpersonal-spiritueller Leihidentität des „Erleuchteten", Abgehobenen, die wie ein Mantel seine Unlauterkeit, Unaufgeräumtheit überdecken soll.

Weg – Wandel

Wir haben nie, nicht einen einzigen Tag
den reinen Raum vor uns, in dem die Blumen
unendlich aufgehn. Immer ist es Welt
und niemals Nirgends ohne Nicht: das Reine,
Unüberwachte, das man atmet und
unendlich weiss und nicht begehrt.

Und wir: Zuschauer, immer, überall
dem allen zugewandt und nie hinaus!
Uns überfüllts. Wir ordnens. Es zerfällt.
Wir ordnens wieder und zerfallen selbst.

Wer hat uns also umgedreht, dass wir,
was wir auch tun, in jener Haltung sind
von einem, welcher fortgeht? Wie er auf
dem letzten Hügel, der ihm ganz sein Tal
noch einmal zeigt, sich wendet, anhält, weilt - ,
so leben wir und nehmen immer Abschied.

Rilke, 8. Duineser Elegie.

V. Literatur

Allgemeine Literatur

Abd Al-Qadir As-Sufi. (1982) Der Pfad der Liebe. Wesen und meditative Praxis der sufischen Mystik. Bern, München, Scherz, Barth.

Abegg, E. (1945) Indische Psychologie. Zürich, Rascher.

Albert, K. (1996) Einführung in die philosophische Mystik. Darmstadt, Wissenschaftliche Buchgesellschaft.

Albrecht, C. (1951) Psychologie des mystischen Bewusstseins. Bremen, Schünemann. Neudruck 1976, Mainz, Grünewald.

Angehrn, E. (2003) Interpretation und Dekonstruktion. Weilerswist, Velbrück.

Arasteh, A.R. Sheikh, A.A. in: Sheikh A.A., Sheikh K.S. (Ed.). (1989) Healing East and West. Ancient wisdom and modern psychology. New York, Wiley.

Assagioli, R. (1986) Self-Realization and Psychological Disturbances. Revision 8. 21-31.

Assagioli, R. (Orig, 1965) Handbuch der Psychosynthesis. Hrsg. v. Hanefeld, E. Aurum, Freiburg 1978.

Aurobindo, S. (1957) Der integrale Yoga. Hamburg, Rowohlt.

Aurobindo, S. 1974/5 Das göttliche Leben. Gladenbach, Hinder & Deelmann.

Battista, J.R. (1996) Offensive Spirituality and Spiritual Defenses. S. 250 in: Textbook of transpersonal psychiatry and psychology. Ed.by Scotton B.W., Chinen A.B., Battista J.R., New York, Basic Books.

Baumeister, R. (1991) Escaping the self: alcoholism, spirituality, masochism and other flights from the burden of selfhood. New York, Basic Books.

Beierwalters, W. (1985) Denken des Einen. Frankfurt a.M., Klostermann.

Benn, G. (1968) Gesammelte Werke, hg.v. D. Wellershoff. Bd. 5, 1404. Wiesbaden, Limes.

Bennett M.R., Hacker P.M.S. (2003) Philosophical foundations of neuroscience. Oxford, Blackwell.

Berrisch, A. (1994) Hieroglyphen der Transzendenz. Mythos und neues Bewusstsein im New Age. Münster, Waxmann.

Bhagavadgita: Verschiedene Übersetzungen.
    Radhakrishnan, S. Wiesbaden, Löwit.
    Schröder, L. (1922) Jena, Diederichs.
    Boxberger, R./Glasenapp, H.V. (1955) Stuttgart, Reclam.
    Sastry, A.M. (1977) Madras, Samata.

Bochinger, Ch. (1994) „New Age" und moderne Religion, Religionswissenschaftliche Analysen. Gütersloh, Chr. Kaiser/Gütersloher Verlagshaus.

Bourguignon, E. (Ed.) (1973) Religion, altered states of consciousness and social change. Columbus, Ohio State University Press.

Boysen, A.T. (1936) The exploration of the inner world. A study of mental disorder and religious experience. New York, Harper.

Bragdon, E. (1988) A Sourcebook for helping people in spiritual emergency. California, Ligthening Up Press.

Bragdon, E. (1990) The call of spiritual emergency: From personal crisis to personal transformation. San Francisco, Harper & Row.

Braun, HJ. (1993) Elemente des Religiösen. Zürich, Artemis, Winkler.

Braun, HJ. (1996) Das Jenseits. Zürich, Artemis, Winkler.

Bronkhorst, J. (1993) The two sources of Indian Ascetism. Bern, Lang.

Brown, D.P. (1988) Die Stadien der Meditation in kulturübergreifender Perspektive. In: Wilber K., Engler J., Brown D.P. (Hg.): Psychologie der Befreiung. München, Barth/Scherz. S. 229-294.

Brunton, P. (1937) Yogis. Verborgene Weisheit Indiens. Berlin, Krüger.

Buber, M. (1984) Ekstatische Konfessionen. Darmstadt, Wissenschaftliche Buchgesellschaft.

Bunge, G. (1987) Das Geistgebet. Köln, Luthe.

Castañeda, C. (1970) The teachings of Don Juan. Harmondsworth, Penguin.

Castañeda, C. (1973, 1991) Die Lehren des Don Juan. Fischer TB.

Committee on Psychiatry and Religion (1976) Mysticism. Spiritual quest or psychic disorder. Group for the advancement of psychiatry, Washington, New York, American Psychiatric Association.

Dean, R. (1975) Psychiatry and mysticism. Chicago, Nelson-Hall.

Diagnostic and Statistical Manual (DSM-IV) (1994) American Psychiatric Association. Washington DC.

Dietz, M. (1976) Kleine Philokalie. Belehrungen der Mönchsväter der Ostkirche über das Gebet. Einsiedeln, Benziger.

Dinzelbacher, P. (1989) Wörterbuch der Mystik. Stuttgart, Kröner.

Dionysius Areopagita (1990) Von den Namen zum Unnennbaren. Hg. v. E. v. Ivánka, Einsiedeln, Johannes.

Dittrich, A. (1996) Ätiologie – unabhängige Strukturen veränderter Wachbewusstseinszustände. Berlin, Verlag für Wissenschaft und Bildung.

Dogen, Z. (1986) Shobogenzo. 2 Bd., 2. Aufl., Wien, Theseus.

Doumoulin, H. (1976) Der Erleuchtungsweg des Zen im Buddhismus. Frankfurt a.M., Fischer.

Eck(e)hart Meister (1919) Hrsg. v. Büttner H. Jena, Diederichs.

Eck(e)hart Meister (1963) Deutsche Predigten und Traktate. Hg.v. J. Quint. München, Hanser. Zürich Diogenes 1979.

Einstein, A. (1955) Mein Weltbild. Frankfurt a.M., Ullstein.

Eliade, M. (1949) Kosmos und Geschichte. Frankfurt a.M., Insel.

Ellison, G. (1991) Religious involvement and subjective well-being. Journal of Health and social Behavior 32, 80-99.

Epstein M.O. & Lieff J. (1988) Psychiatrische Komplikationen der Meditationspraxis. In: Wilber ., Engler J., Brown D.P. (Hg):Psychologie der Befreiung. München, Barth/Scherz. 67-76.

Ernst, A. (1989) Parapsychologie heute. Therapiewoche, Neurologie Psychiatrie Schweiz 5, 273-280.

Esser, W.G. (2002) Philosophische Gottsuche. München, Kösel.

Feuchtersleben, E. (1845) Lehrbuch der ärztlichen Seelenkunde. Wien, Gerold.

Gebser, J. (1975) Gesammelte Schriften. Schaffhausen, Novalis.

Goleman, D. (1977) The varieties of the meditative experiences. New York, Button.

Gopi Krishna, 1967/79) Kundalini. The evolutionary energy in man. Colorado, Shambala.

Gopi Krishna. (1971) The biological basis of religion and genius. New York, Harper.

Gopi Krishna. (1972) The secret of Yoga. New York, Harper.

Gopi Krishna. (1974) Higher consciousness. New York, Julian.

Gopi Krishna. (1975) The awakening of Kundalini. New York, Button.

Grawe, K.(1998) Psychologische Therapie. Göttingen, Hogrefe.

Grof S.&C. (1986) Spiritual emergency: the understanding and treatment of transpersonal crises. Revision 8, 7-20.

Grof S.&C. (1990) Spirituelle Krisen. München, Kösel.

Grof S.&C: (1991) Die stürmische Suche nach dem Selbst. München, Kösel.

Grof, S. (1978) Topographie des Unbewussten. Stuttgart, Klett-Cotta. (Orig. 1975)

Grof, S. (1987) Das Abenteuer der Selbstentdeckung. München, Kösel.

Grom, B. (1992) Religionspsychologie. München/Göttingen, Kösel, Vandenhoeck & Ruprecht.

Guiley, R.E. (1991) Encyclopedia of mystical and paranormal experience. New York, Harper-Collins.

Haas, A,M. (1996) Mystik als Aussage. Erfahrungs-, Denk- und Redeformen christlicher Mystik. Frankfurt a.M., Suhrkamp.

Halifax, J. (1981) Die andere Wirklichkeit des Schamanen. München, Barth.

Hassan, S. (1988) Combatting cult mind control. Rochester, Park Street Press.

Hastings, A. (1983) A counseling approach to parapsychological experience. Journal of Transpersonal Psychology 15, 143-163.

Henrich, D. (1985) All-Einheit. Stuttgart, Klett-Cotta.

Hoch, E. (1988) Verrückt oder verzückt? Daseinsanalyse 5, 332-354.

Huber G. & Gross, G. (1977) Wahn. Stuttgart, Enke.

Huxley, A. (1949) Die ewige Philosophie. (Philosophia perennis). Zürich, Steinberg. Orig. 1944.

Jaeger, H. (1971) Heidegger und die Sprache. Bern, München, Francke.

James, W. (1979) Die Vielfalt der religiösen Erfahrung. Olten, Walter. (Orig. 1901/02).

Jaspers, K. (1932) Philosophie. Berlin-Göttingen, Heidelberg, Springer.

Johannes vom Kreuz (1964) Die lebendige Flamme. Einsiedeln, hrsg.v. Gross B. Johannes.

Johannes vom Kreuz (1978) Die dunkle Nacht. Einsiedeln, hrsg.v. Gross B. Johannes.

Johannes vom Kreuz (1995) Die dunkle Nacht. Freiburg, Herder. hrsg. v. Dobhan U., Hense E., Peeters E.

Johannes vom Kreuz. (1964) Empor den Karmelberg. Einsiedeln, hrsg.v. Gross B. Johannes.

Kapleau, P. (1979) Die drei Pfeiler des Zen. Bern, München, Scherz, Barth.

Keupp, H. (1988) Auf dem Weg zur Patchwork-Identität? Verhaltenstherapie und psychosoziale Praxis, 20(4), 425-438.

Kieckhefer, R. Bond G.D. (1988) Sainthood. Its manifestation in world religions. Berkely, University of California Press.

Kierkegaard, S. (1973) Werkausgabe. 2 Bände. Düsseldorf, Köln, Diederichs.

Kircher, T., David A. (2003) The self in neuroscience and psychiatry. Cambridge, Cambridge University Press.

Kopp (s.B. 1976) Triffst du Buddha unterwegs... Düsseldorf, Diederichs.

Krishnamurti, J. (1977) Gespräche über das Sein. Bern, München, Scherz, Barth.

Kroll J. & Ganck de R. (1986) The adolescence of a thirteenth-century visionary nun. Psychological Medicine 16, 745-756.

Lao tse. Tao te King. Verschiedene Übersetzungen.
Debon, G. (1961) Stuttgart, Reclam.
Klenbrook, J. (1980) Frankfurt a.M., Ullstein.
Lin Yutang (1955) Frankfurt a.M., Fischer.
Rouselle, E. (1958) Wiesbaden, Insel.
Schwarz, E. (1978) Leipzig, Reclam.
Strauss, V.v. (1950) Zürich, Manesse.
Ular, A. (1919) Leipzig, Insel.
Wilhelm, R. (1921) Jena, Diederichs.

Lasch, C. (1982) Das Zeitalter des Narzissmus. München, Bertelsmann. (Orig. 1979).

Lhermitte, J. (1953) Echte und falsche Mystiker. Luzern, Räber.

Li Gi (1930) Hg.v. R. Wilhelm. Jena, Diederichs.

Lichtenberg, G.Chr. (1984) Aphorismen. Stuttgart, Reclam.

Loy, D. (1998) Nondualität: Über die Natur der Wirklichkeit. Frankfurt a.M., Krüger.

Lukoff, D. (1985) The diagnosis of mystical experience with psychotic features. The Journal of Transpersonal Psychology, 17/2, 155-181.

Lukoff, D. (1988) Transpersonal perspectives on manic psychosis: creative, visionary and mystical states. The Journal of Transpersonal Psychology, 20/2, 111-139.

Maslow, A. (1971) The farther reaches of human nature. New York, Viking.

Milarepa. (1978) Tibets Grosser Yogi. Hrsg. v. Evans.Wentz W.Y. Bern/München, Barth/Scherz.

Miller, B. (Hg.) (1965) Weisung der Väter. Apophthegmata Patrum. Freiburg, Lambertus.

Mookerjee, A. (1982) Kundalini. The awakening of inner energy. London, Thames & Hudson.

Mundhenk, R. (1999) Sein wie Gott. Aspekte des Religiösen im schizophrenen Erleben und Denken. Neumünster, Paranus.

Nelson, J.E. (1990) Madness or transcendence, Engelwood Cliffs, Prentice Hall.

Neumann, E. (1948) Der mystische Mensch. Eranos Jahrbuch 16. Zürich, Rhein, 1949, 317-374.

Neumann, E. (1956) Der schöpferische Mensch und die „Grosse Erfahrung". Eranos Jahrbuch 25, Zürich, Rhein, 1957. 11.58.

Nolan, M. (1986) The Spiritual Emergency Network. Revision 8. 89-91.

Nyanaponika (1970) Geistestraining durch Achtsamkeit. Konstanz, Christiani.

Nyanaponika (1980) Der einzige Weg. Konstanz, Christiani.

Nyanatiloka (1978) Das Wort des Buddha. 4. Aufl. Konstanz, Christiani.

Nyanatiloka (1981) Der Weg zur Erlösung in den Worten der buddhistischen Urschriften. Konstanz, Christiani.

Nyanatiloka (1983) Buddhistisches Wörterbuch. Konstanz, Christiani.

Nyanatiloka, Nyanaponika. (1984) Die Lehrreden des Buddha. 5 Bd. 4. Aufl., Freiburg i.Br., Aurum.

Oetke, C. (1988) „Ich" und das Ich. Analytische Untersuchungen zur buddhistisch-brahmanischen Atman-Kontroverse. Stuttgart, Steiner.

Oezelsel, M. (1992) 40 Tage. Erfahrungsbericht einer traditionellen Derwischklausur. Köln, Diederichs.

Ohtsu, R. (1976) Der Ochs und sein Hirte. Pfullingen, Neske.

Ornstein, R.E. (1976) The mindfield. New York, Viking Press.

Ostow, M. (1980) Religion and psychiatry. In: Kaplan H.J., Freedman A.M., Sadock B.J. (Eds.): Comprehensive textbook of psychiatry, 3rd ed. Vol. 3, 3197-3208.

Otto, R. (1971) West-östliche Mystik. München, Beck. TB. 1979, Gütersloh, Mohn.

Parrinder, G. (1991) Sexualität in den Religionen der Welt. Olten, Walter.

Patanjali (1976) Yoga sutra. Die Wurzeln des Yoga. hg. v. B. Bäumer, Bern, München, Scherz, Barth.

Patanjali (1987) Yoga sutra. hg. von H. Maldoner, Hamburg, Papyrus.

Perry, J.W. (1986) Spiritual emergence and renewal. Revision 8. 33-40.

Petzold, M. (1986) Indische Psychologie. München, Weinheim, Psychologie Verlags Union.

Podvoll, E. (1990) The seduction of madness. New York, Harper Collins.

Ramakrishna Sri. (1949) Swani Nikhilananda. Madras, Mylapore.

Ramana Maharshi in Heinrich Zimmer (1944) Der Weg zum Selbst. Zürich, Rascher.

Rowan, J. (1993) The transpersonal psychotherapy and counselling. London, New York, Routledge.

Ruh, K. (1990) Geschichte der abendländischen Mystik. 2 Bd. München, Beck.

Runions, J.E: (1989) The mystic experience. Canadian Journal of Psychiatry 24, 147-151.

Sanella, L. (1976) Kundalini – psychosis or transcendence. San Francisco, Dakin.

Schimmel, A. (1985) Mystische Dimensionen des Islam. Die Geschichte des Sufismus. Köln, Diederichs.

Schimmel, A. (1986) Liebe zu dem Einen. Texte aus der mystischen Tradition des indischen Islam. Zürich, Einsiedeln, Benziger.

Schuhmacher, S., Wörner, G. (1986) Lexikon der östlichen Weisheitslehren. Bern, München, Wien, Scherz.

Schumann, H.W. (1976) Buddhismus. Stifter, Schulen und Systeme. Olten, Walter.

Schumann, H.W. (1982) Der historische Buddha. Köln, Diederichs.

Schumann, H.W. (1985) Buddhismus. 5.Aufl., Olten, Freiburg, Walter.

Schumann, H.W. (1990) Mahayana Buddhismus. München, Diederichs.

Schütz, C. (1992) Praktisches Lexikon der Spiritualität. Freiburg i. Br., Herder.

Scotton, B.W., Chinen A.B., Battista, J.R. (Ed.) 1996 Textbook of Transpersonal Psychiatry and Psychology. New York, Basic Books.

Selawry, A. (1970) Das immerwährende Herzensgebet. Weilheim, Barth.

Sloterdijk, P. (1993) Der mystische Imperativ in Sl. 1993.

Sloterdijk, P. (1993) Mystische Zeugnisse aller Zeiten und Völker. München, Diederichs. Neuauflage von Buber (1984)

Smart, N. (1996) Dimensions of the sacred. An anatomy of the world's beliefs. London, Harper Collins, Fontana.

Snela, B. (1990) Der Ochs und sein Hirte. München, Kösel.

Sprockhoff, J.F. (1976) Samnyasa. Quellenstudien zur Askese im Hinduismus. Wiesbaden, Steiner.

Staal, F. (1975) Exploring mysticism. A methodological essay. Los Angeles, University of California Press.

Stenvson, I. (1974) Twenty cases suggestive of reincarnation. Charlottenville Press, Virginia. (Orig. 1966).

Stevenson, I. (1977) Cases of the reincarnation type II. Ten cases in Sri Lanka. Charlottenville Press, Virginia.

Sudbrack, J. (1996) Religiöse Erfahrung und Wahn. Zu Grenzfragen zwischen Psychopathologie und Spiritualität. Geist und Leben. Zeitschrift für christliche Spiritualität 3. 194-210.

Tart, C. (1975) States of consciousness. New York, Dutton.

(Das) Tibetanische Totenbuch. (1960) Hrsg. v. Evans-Wentz W.Y. Zürich/Stuttgart, Rascher.

(Das) Tibetische Buch vom Leben und Sterben. (1993) ed. Sogyal Rinpoche. Bern/München/Wien, Scherz/Barth.

Toegel, J. (1991) Eine Theologie des Zeitgeistes: Darstellung und Kritik am Beispiel der Transpersonalen Psychologie. Diss. Universität Wien.

Tschuang tse. (1951) Reden und Gleichnisse. Auswahl von M. Buber. Zürich, Manesse.

Tugendhat, E. (2003) Egozentrizität und Mystik. München, Beck.

Underhill, E. (1928) Mystik. München, Reinhard. Neudruck o.J., Bietigheim, Turm.

Upanishaden: Verschiedene Übersetzungen von
Bäumer, B. (1986) Zürich, Benziger.
Deussen, P. (1897) Leipzig, Brockhaus.
Hillebrandt, A. (1921) Jena, Diederichs.
Hollenstein, M. (1970) (nicht publiziert).
Radhakrishnan, S. (1953) London, Allen.
Wolz-Gottwald, E. (1994) Sankt Augustin, Academia.

Victoria, B.A. (1997) Zen at war. New York, Weatherhill. deutsch: (1999). Zen, Nationalismus und Krieg. Wien, Theseus.

Vilayat Inayat Khan (1975) Sufismus. Der Weg zum Selbst. Bern, München, Scherz, Barth.

Visser, F. (2002) Ken Wilber. Denker aus Passion: eine Zusammenschau. Petersberg, Verlag Via Nova.

Weber-Schäfer, P. (1964) Zen. Frankfurt a.M., Insel.

Weischer, B.M. (1981) Die nächtlichen Gespräche des Faridúddhin Attar. München, Martin.

White, J. (1979) Kundalini, evolution and enlightenment. New York, Anchor.

Wilber, K. (1980) The pre-trans-fallacy. Revision 3. 51-73.

Wilber, K. (1983) A sociable God. New York. Mc. Graw Hill.

Wilber, K. (2000) Integral psychology. Boston, Shambala.

Wilber, K. (2006) Integral spirituality. Boston, Shambala.

Wilber, K. (2001) The eye of spirit. Boston, Shambala.

Wilber, K. (Orig.1983) Der glaubende Mensch. München, Goldmann 1988.

Wilber, K., Ecker B., Anthony D. (Hg.). (1995) Meister, Gurus, Menschenfänger. Frankfurt a.M., Krüger.

Wilber, K., Engler J., Brown D.P. (Eds.). (Orig. 1986) Psychologie der Befreiung. München, Barth/Scherz, 1988.

Winnicott, D.W. (1965) Ego-distortion in terms of true and false self. In: Winnicott D.W.: The maturation process and the facilitating environment. New York, Internat. Univ. Press. (dt. Kindler, München 1974), 140-152.

Woodroffe, J. (1978) The serpent power. Madras, Ganesh.

Woodroffe, J. (1979) The garland of letters. Madras, Ganesh.

Yoga Sutra: Verschiedene Übersetzungen.
Bäumer, B. (1976) München, Barth/Scherz.
Maldoner, H. (1987) Hamburg, Papyrus.

Zähner, R.C. (1980) Mystik. Harmonie und Dissonanz. Olten, Walter.

Zen. Verschiedene Textsammlungen.
>Aldinger, M. (1998) Was ist die ewige Wahrheit? Freiburg, Herder.
Ohasama, Schuei (1968) Zen. Darmstadt, Wissenschaftliche Buchgesellschaft
Reps, P. Zen flesh, Zen bones.
Suzuki, D.T. (1972) Die grosse Befreiung. Weilheim, Barth.
Watts, A.W. (1957) The way of Zen. London, Pinguin.
Weber-Schäfer (1964) Frankfurt a.M., Insel

Zimmer, H. (1972) Myths and Symbols in Indian Art and Civilization. New York, Princeton, Bollinger Foundation.

Zundel E. & Fittkau B. (Hg.) (1989) Spirituelle Wege und Transpersonale Psychotherapie. Paderborn, Junfermann.

Publikationen des Autors zum Thema des vorliegenden Buches

SCHARFETTER, C. (1979) Über Meditation – Begriffsfeld, Sichtung der "Befunde", Anwendung in der Psychotherapie. Psychotherapie Medizinische Psychologie 29, 78-95.
Reprint: in: Psychotherapie, Meditation, Gestalt, hg Petzold H, Junfermann, Paderborn 1983

SCHARFETTER, C. (1981) Glaube und Arbeit in der Psychiatrie. In: Glaube und Arbeit. Novalis, Schaffhausen, 119-129, und Schweizerische Rundschau für Medizin (Praxis) 70, 1298-1303

SCHARFETTER, C. (1982) Der Schamane – das Urbild des Therapeuten, In: Scharfetter, C. (Hrsg.) Abnormität, Krankheit, Therapie in der Psychiatrie. Die Differenzierung der Devianz und das Konstrukt Krankheit. Vom Schamanen zum Psychotherapeuten. Interdisziplinäres Kolloquium, im Selbstverlag, Zürich. 1982, 80-108. (Reprint: Praxis der Psychotherapie und Psychosomatik 1983, 28, 81-89)

SCHARFETTER, C. (1982) Meditation und Introspektion. In: Wagner-Simon T, Benedetti G (Hrsg.) Sich selbst erkennen. Modelle der Introspektion, Vandenhoeck & Ruprecht, Göttingen, 48-57

SCHARFETTER, C. (1983) Meditation für den Psychotherapeuten. Praxis der Psychotherapie und Psychosomatik 28, 11-21

SCHARFETTER, C. (1984) Der Traum im Hinduismus und Buddhismus. In: Wagner-Simon T, Benedetti G. (Hrsg.) Traum und Träumen. Traumanalysen in Wissenschaft, Religion und Kunst, Vandenhoeck & Ruprecht, Göttingen, 55-66

SCHARFETTER, C. (1985) Lebenserfahrung versus Lebenserforschung – in der Sicht des Psychiaters. In: Feyerabend P, Thomas C (Hrsg): Grenzprobleme der Wissenschaften. Verlag der Fachvereine an den Schweizerischen Hochschulen und Techniken, Zürich, 129-134

SCHARFETTER, C. (1985) Der Schamane: Zeuge einer alten Kultur – wieder belebbar? Schweizer Archiv für Neurologie, Neurochirurgie und Psychiatrie 136, 81-95

SCHARFETTER, C. (1986) Vom Heiler zum Heiligen. In: Benedetti G, Wiesmann L. (Hrsg.) Ein Inuk sein. Interdisziplinäre Vorlesungen zum Problem der Identität. Vandenhoeck & Ruprecht, Göttingen, 27-38

SCHARFETTER, C. (1986) He who dreams – Holy men don't dream. Über das Bewusstsein des Schamanen und die Entwicklung vom Heiler zum Heiligen. Curare Sonderband 5: 399-412

SCHARFETTER, C. (1987) Meditation in der Psychotherapie, 215-226. In: Dittrich A, SCHARFETTER, C. (Hrsg.): 1987 Ethnopsychotherapie. Psychotherapie mittels aussergewöhnlicher Bewusstseinszustände in westlichen und indigenen Kulturen. Enke, Stuttgart

SCHARFETTER, C. (1987) Heilung und Wandlung. Schweizerische Ärztezeitung 68: 802-803

SCHARFETTER, C. (1988) Liebe und Friede, Meditation als Meta- und Metta-Therapie. In: Buddhistische Monatsblätter 34/, 31-40

SCHARFETTER, C. (1988) Heilkunde und Menschenbild, 13-22. In: Der Mensch in der Psychiatrie. Hg. Pfäfflin, Appelt, Krausz, Mohr. Springer, Berlin, Heidelberg

SCHARFETTER, C. (1989) Heilkunde und Menschenbild. Vierteljahresschrift der Naturforschenden Gesellschaft in Zürich, 134/1, 55-66

SCHARFETTER, C. (1989) Die Persönlichkeit und Entwicklung des Heilers in verschiedenen Kulturen. SALIX, Zeitschrift für Ethnomedizin (Würzburg), 5(1), 9-18

SCHARFETTER, C. (1990) Der Weg des Pilgers, des Heilers und des Heiligen. In: Braun, H. J., Henking, K. H. (Hrsg.). Homo Religiosus. Völkerkundemuseum Zürich, 141-151.

SCHARFETTER, C. (1990) Liebe und Frieden. Meditation als Meta – und Metta-Therapie. In: Braun, H. J., Henking, K. H. (Hrsg.) Homo Religiosus. Völkerkundemuseum Zürich, 203-215.

SCHARFETTER, C. (1990) Psychologie der Meditation. In: Leuner, H., Schlichting, M. (Hrsg.) . Symposium über Bewusstseinsstudien. ECBS, Göttingen.

SCHARFETTER, C. (1991) Vorwort. In: Wolz-Gottwald, E. (Hrsg.) Heilung aus der Ganzheit. Ayurveda als Philosophie in der Praxis. Hinder & Deelmann, Gladenbach.

SCHARFETTER, C. (1991) Die Idee der Ganzheit in der Medizin. In: Auf der Suche nach dem ganzheitlichen Augenblick. Thomas, Ch. (Hrsg.). Zürcher Hochschulforum, Band 19. Verlag der Fachvereine. Zürich, 7-15.

SCHARFETTER, C. (1992) Der Schamane – das Urbild des Heilenden. In: Der historische Horizont der Götterbild-Amulette aus der Übergangsepoche von der Spätantike zum Frühmittelalter. Hauck, K. (Hrsg.) . Bericht über das Colloquium vom 28.11.-1.12.1988 in der Werner-Reimers-Stiftung, Bad Homburg. Vandenhoeck & Ruprecht, Göttingen, 422-432.

SCHARFETTER, C. (1993) Eros therapeutikós. Liebe und Ethik in der Therapie. Psychotherapie Psychosomatik Medizinische Psychologie, 43, 254-261.

SCHARFETTER, C. (1994) Die Krankheit der Person. In: Vom Nutzen und Nachteil der Historie. Wahl, G., Schmitt, W. (Hrsg.) Wissenschaftliche Beiträge zur Geschichte der Seelenheilkunde, Band 1. Verlag Kommunikative Medien und Medizin, Reichenbach, 20-29.

SCHARFETTER, C. (1994) Im Fremden das Eigene erkennen. Erfahrungen aus der Psychiatrie. In: Das Eigene und das Fremde. Egner, H. (Hrsg.) Walter, Solothurn, 13-27.

SCHARFETTER, C. (1995) Schizophrene Menschen. Diagnostik, Psychopathologie, Forschungsansätze. 4., überarbeitete Auflage. Psychologie Verlags Union, München.

SCHARFETTER, C. (1995) The self-experience of schizophrenics. Empirical studies of the ego/self in schizophrenia, borderline disorders and depression. University of Zürich, Zürich.

SCHARFETTER, C. (1995) Welten des Bewusstseins und ihre Kartographen. Curare, Band 18, 161-171.

SCHARFETTER, C. (1995) Krisen auf dem Weg. So genannte spirituelle Krisen aus der Sicht eines Psychiaters. In: Mit Krisen leben. Verlag Luzerner Psychotherapie Tage, Luzern, 35-42.

SCHARFETTER, C. (1995) Religiös-spirituelle Krisen. In: Jahrbuch des Europäischen Collegiums für Bewusstseinsstudien 1995. Leuner, H. & Schlichting, M. Verlag für Wissenschaft und Bildung, Berlin, 67-76.

SCHARFETTER, C. (1995) Bewusstseinsentwicklung und Psychotherapie. Entwicklung, Krise, Krankheit, Heilung und Heil. In: Spiritualität und Psychotherapie: Vorträge zur 10. Arbeitstagung des WAP (Wildunger Arbeitskreis für Psychotherapie), Wernado, M. & Olbricht, I. (Hrsg.) Grobbel Druck & Verlag, Schmallenberg, 9-23.

SCHARFETTER, C. (1996) Das Ganze – Idee und Ideal. Therapeutische Umschau, Band 53, Heft 3, 187-191

SCHARFETTER, C. (1997) Religion, Spiritualität, Mystik in der Perspektive der Psychiatrie. In: Homo naturaliter religiosus. Stolz, F. (Hrsg.), Lang, Bern/Berlin, 305-327.

SCHARFETTER, C. (1998) Ganzheit und Ganzheitlichkeit in der Psychotherapie. Transpersonale Psychologie und Psychotherapie, 1, 60-67.

SCHARFETTER, C. (1998) Einleitung. In: Religion – Mystik – Schamanismus. C. Scharfetter & C. Rätsch (Hrsg.). (Welten des Bewusstseins, Band 9). Verlag für Wissenschaft und Bildung, Berlin, 9-13.

SCHARFETTER, C. (1998) Heilen – was geschieht da? Das Heilungsgeschehen als symbolische Interaktion und die Frage nach gemeinsamen Wirkbereichen. In: Ethnotherapien – Therapeutische Konzepte im Kulturvergleich. C. E. Gottschalk-Batschkus & C. Rätsch (Hrsg.). Curare. Sonderband (14). Verlag für Wissenschaft und Bildung, Berlin, 258-265.

SCHARFETTER, C. (1998) Okkultismus, Parapsychologie und Esoterik in der Sicht der Psychopathologie. Fortschritte der Neurologie und Psychiatrie 66(10), 474-482.

SCHARFETTER, C. (1998) Idee und Ideal des Ganzen. In: Riedel, L. (Hrsg.). Sinn und Unsinn der Psychotherapie. Beiträge zu den Basler Psychotherapietagen 1998. Mandala Media, Rheinfelden, 243-257.

SCHARFETTER, C. (1999) Dissoziation – Split – Fragmentation. Nachdenken über ein Modell. Huber, Bern.

SCHARFETTER, C. (1999) Modelle psychischer Krankheiten. Paradigmen der Psychiatrie in den Jahren 1800-2000. Vierteljahrsschrift der Naturforschenden Gesellschaft Zürich, 144, 101-112.

SCHARFETTER, C. (1999) Der Schamane. In: Passie, T. (Hrsg.). Schamanismus. Eine kommentierte Bibliographie 1914-1998. 3. Aufl. Laurentius, Hannover, 9-25.

SCHARFETTER, C. (2000) Kultur der Achtung und Aufmerksamkeit. In: Müller, H. A. (Hrsg.). Der Bildung ein Haus. Edition Hospitalhof, Stuttgart, 347.

SCHARFETTER, C. (2000) Ein Bewusstsein – viele Welten. Transpersonale Psychologie und Psychotherapie, 6, 4-10.

SCHARFETTER, C. (2000) Spiritualität: Erwachen, Weg, Wandlung, Krise. Jahrbuch für Ethnomedizin 1997/98, 137-147.

SCHARFETTER, C. (2000) Was weiss der Psychiater vom Menschen? Unterwegs in der Psychiatrie: Menschenbild, Krankheitsbegriff und Therapieverständnis. Huber, Bern.

SCHARFETTER, C. (2001) "Ich kann nicht leben wie ihr". Selbstzeugnisse von Vulnerabilität und schizophrener Psychose. Praxis, 90, 1259-1265.

SCHARFETTER, C. (2001) Eugen Bleuler 1857-1939. Studien zu seiner Psychopathologie und Schizophrenielehre. Zürich, Dietikon, Juris.

SCHARFETTER, C. (2002) Allgemeine Psychopathologie. Eine Einführung. 5. Auflage. Stuttgart, Thieme.

SCHARFETTER, C. (2005) Warum Wissenschaft und Spiritualität nicht in Widerspruch geraten. In: Spiritualität und Wissenschaft, S. Leutwyler, M. Nägeli (Hrsg.), Zürich, Vdf Hochschulverlag, 87-93.

SCHARFETTER, C. (2005) Chancen und Gefahren auf dem spirituellen Weg. In: Spiritualität und Wissenschaft, S. Leutwyler, M. Nägeli (Hrsg.), Zürich, Vdf Hochschulverlag, 218-224.

VI. Index

A

Achtsamkeit · 42, 64, 70
Achtsamkeitsübung · 70
Advaita · 23, 94
Affektdominante Phänomene · 116, 120
ahimsa · 42, 75
anatta · 16, 37, 42
anatta-Lehre · 91
annica · 16, 42
Askese · 31, 41, 43, 44
atman · 46, 110
Authentizität · 37, 89
awakening · 26, 60, 106

B

Befreiung vom Ich · 95
Besessenheitszustände · 58, 84, 87, 116, 122
Bewusstsein · 23, 64, 65
Bewusstsein, integrales · 95
Bodhisattva · 42, 50, 51
Brahma vihara · 43
Brahman · 18, 23, 25, 27, 33, 56, 89, 92

C

cataclysmic experiences · 106
Chakras · 43, 57, 87, 118
Conscientia · 78

D

Defensive Spiritualität · 32
defensive spirituality · 58
dharana · 42
dhyana · 42
Differentialdiagnose spiritueller und psychotischer Krisen · 123
dissoziative Zustände · 127
duhkha · 16, 42, 76

E

Egoismus · 46, 89
Egozentrismus · 93
Egozentrizität · 89
emergence · 106
emergency · 106, 116
Entgrenzungserlebnisse · 126
Epileptiker · 127
Eremitentum · 43, 110
Erlösung · 88
Erlösungsreligionen · 15
Ethik, universelle ökologische · 36, 74

F

fana · 43

G

Ganzheit · 31, 88

Gebet · 50
Glaube · 50, 54
Grosse Erfahrung (Zen) · 92

I

Ich · 77, 79, 88, 93, 94, 96

K

karuna · 43
Kosmozentrismus · 93
Krisen · 46, 103, 106, 115
Kult · 49
Kundalini · 43, 57, 69, 87, 116, 117, 118, 119

L

Leib · 41, 69, 111, 117
Leibbereich · 75, 111
Leiden · 16, 21, 41, 104
Liberation · 18, 88, 92
Loslassen · 21, 35, 44

M

maha-atman · 110
makyô · 86
maya · 94
Meditation · 64
metta · 43
Mnestische Phänomene · 122
Mönch · 110
mudita · 43
Mystik · 56

N

narcissistic spirituality · 58
Narzissmus · 89
narzisstische Inflation · 71, 98
negative oder apophatische Theologie · 23

O

Observer-ego · 78
Offenbarung · 126
offensive Spiritualität · 32
offensive spirituality · 58

P

Philosophia perennis · 29, 115
positive oder kataphatische Theologie · 23
Proto-Ego · 88
psychedelische Drogen · 106
psychic opening · 116, 117
Psychopathologien · 115
Psychose · 68, 113, 123
Psychosynthesis · 114
Psychotherapie · 80, 81, 83, 113
psychotrope Drogen · 127

R

Reinkarnationserinnerungen · 122
Religion · 15, 38, 46, 49, 51, 52
Religiosität · 50, 126

S

Salvation · 18, 88, 92
samadhi · 42
sannyassin · 35, 50
satipatthâna · 70
Schamane · 58, 59
Schamanismus · 58, 59, 60, 122
Schizophrenie · 115, 126
Selbst · 78, 79, 81
SEN (spiritual emergence network) · 129
Sexualität · 44, 45, 73
Shakti · 44
Shunyata · 89
sidhis · 43, 48
spiritual ego-trip · 58
spiritual escapism · 58
Spiritualität · 23, 27, 36, 44, 46, 47, 49, 51, 52, 56, 57
spiritueller Egotrip · 98
spiritueller Escapismus · 112
Syndrom, schizophrenes · 116

T

Tantrismus · 44, 118
Theismus · 23
Transpersonale Erfahrungen · 86, 87

Transpersonaler Bereich · 114

U

uppekha · 17, 43

V

Verantwortlichkeit · 30
Verzicht · 36, 47, 50
vipassana · 42
viragya · 45, 92

W

Wahrheiten, vier heilige · 41
Weg · 35, 39, 63, 88, 93, 97, 100, 101
Wissenschaft · 53, 54

Y

Yoga · 38, 118
    Bhakti Yoga · 39
    Jñana Yoga · 38
    Karma Yoga · 38
    Kundalini-Yoga · 118
    Laya-Yoga · 118
    Raja Yoga · 40

Z

Zen-Krankheit · 120

Printed by Libri Plureos GmbH
in Hamburg, Germany